l'AB

Jérôme Bosch

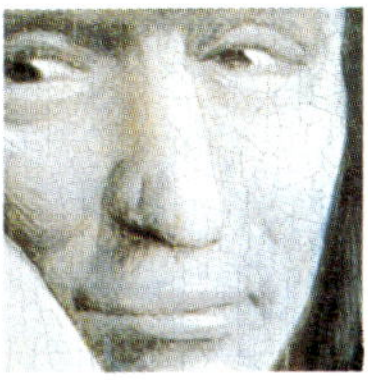

Roger-Henri Marijnissen
Peter Ruyffelaere

Flammarion

S O M M

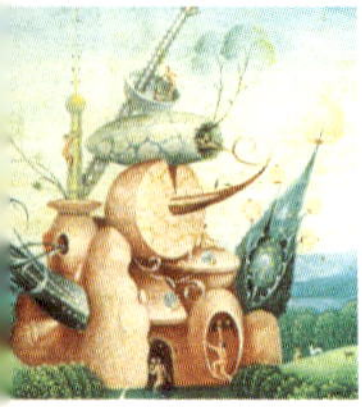

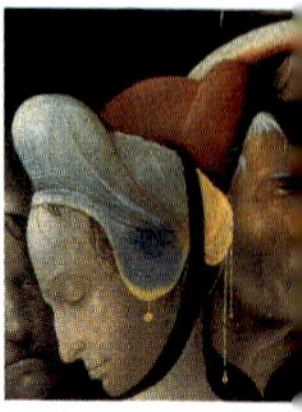

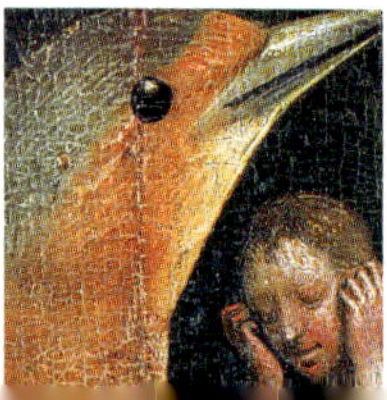

L'abécédaire

Il se compose des notices suivantes, classées par ordre alphabétique.
À chacune d'elles est associée une couleur qui indique sa nature :

Contexte historique et artistique

Alchimie
Artiste
Astrologie
Bourgeoisie
Clergé
Confrérie de Notre-Dame
Dévotion
Divination
Donateurs
Érotisme
Eschatologie
Femme
Folie
Formation et sources
Hagiographie
Hérésie
Humanisme
Impression typographique
Inquisition
Justice et droit pénal
Langue
Latin
Littérature
Marteau des sorcières
Pays-Bas
Philippe II
Religion et Réforme
Ribauderie
Sectes
Sexualité
Siguenza (José de)
Sorcellerie
Superstition

Motifs et interprétation

Autoportrait
Bougrerie
Bruegel l'Ancien (Pieter)
Chardon
Diable
Enfer
Fraise
Huppe
Mendiants
Monstres et tératologie
Paradis
Psychanalyse
Renard
Supplices
Surréalisme
Symboles

Analyse technique/Expertise

Copies
Dessins
Épigones et suiveurs
Examen scientifique
Fonction des œuvres
Signatures
Technique picturale
Triptyque

Au fil de ces notices, et grâce aux renvois signalés par les astérisques,
le lecteur voyage comme il lui plaît dans l'abécédaire.

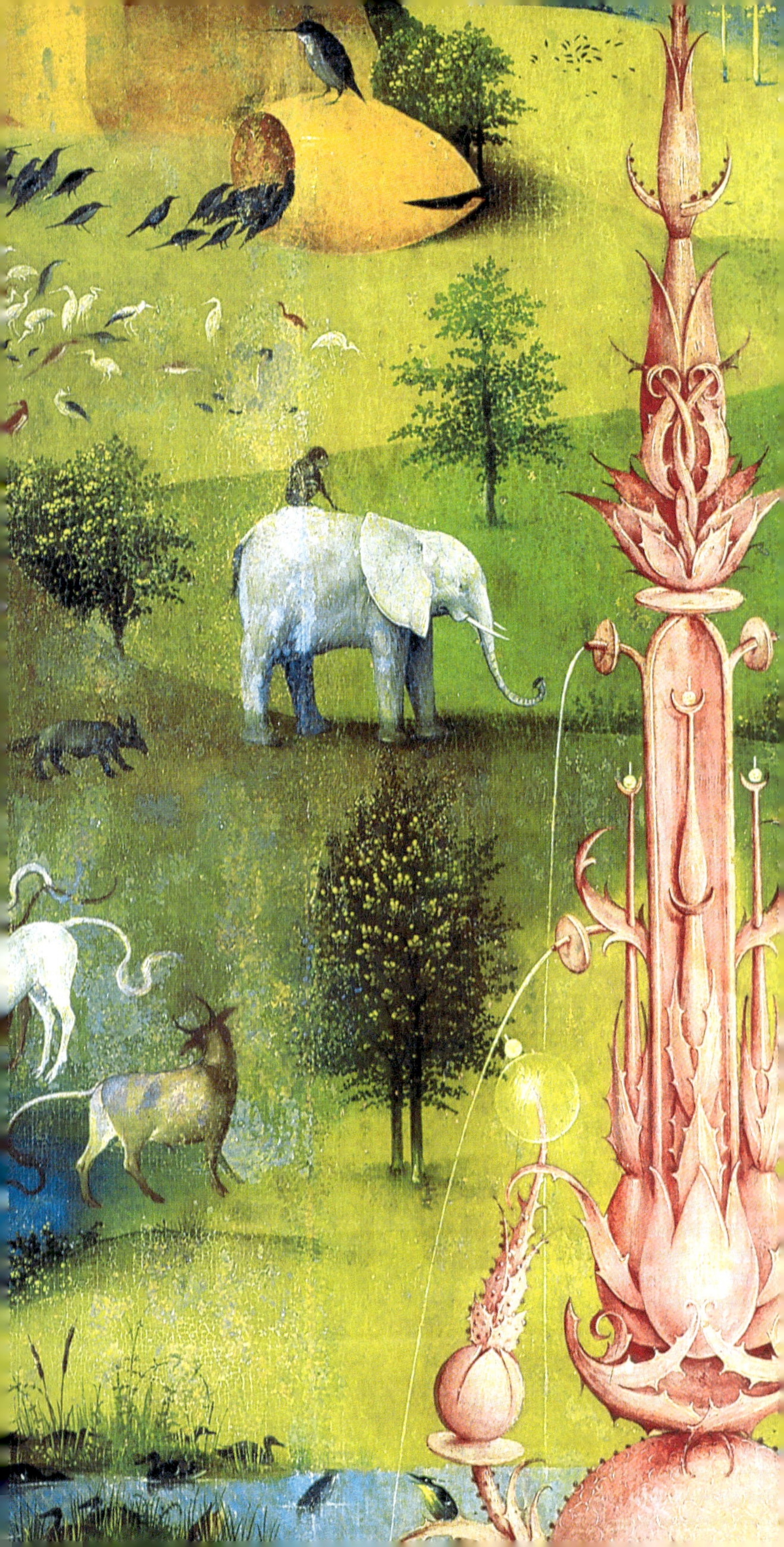

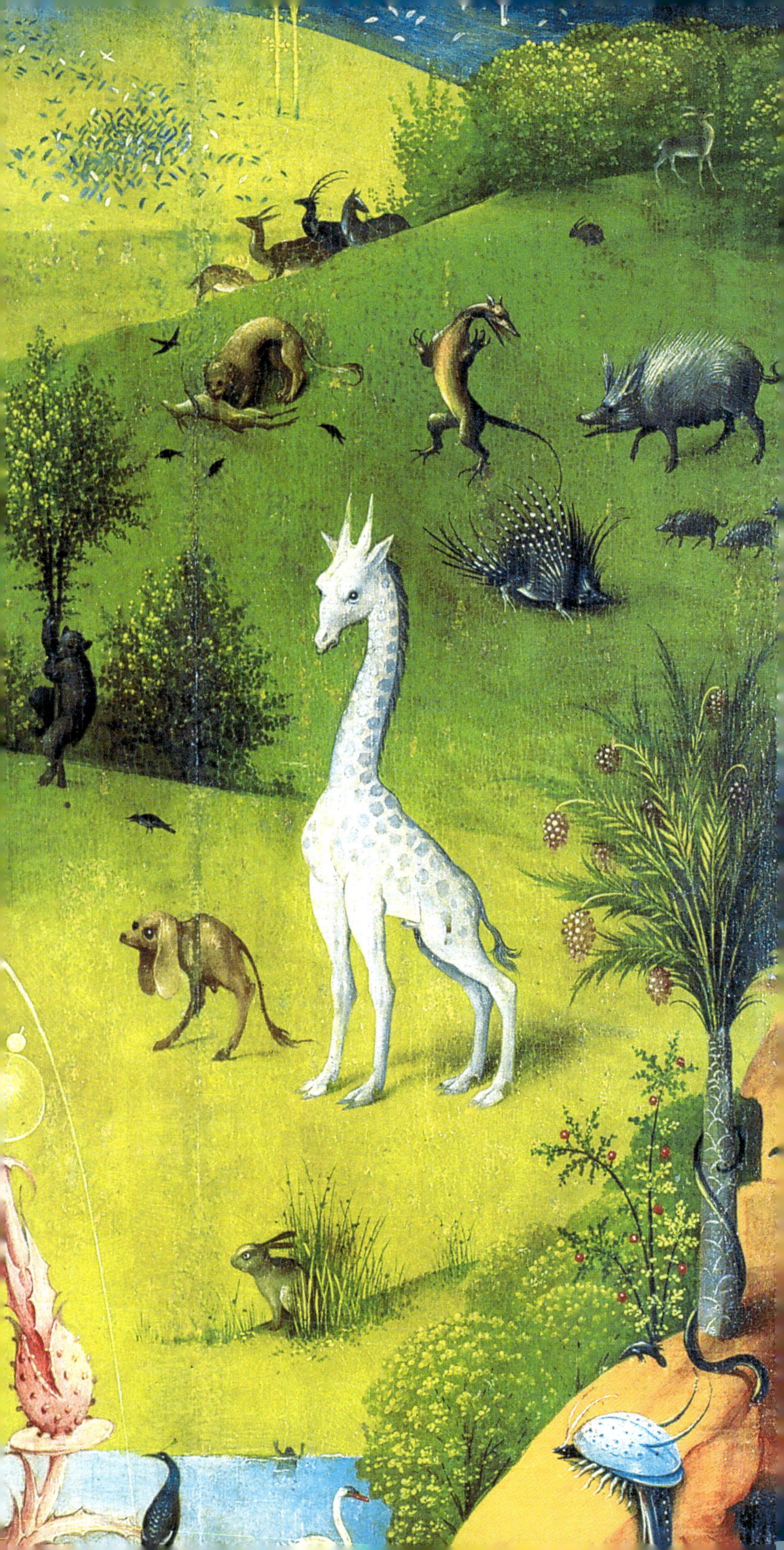

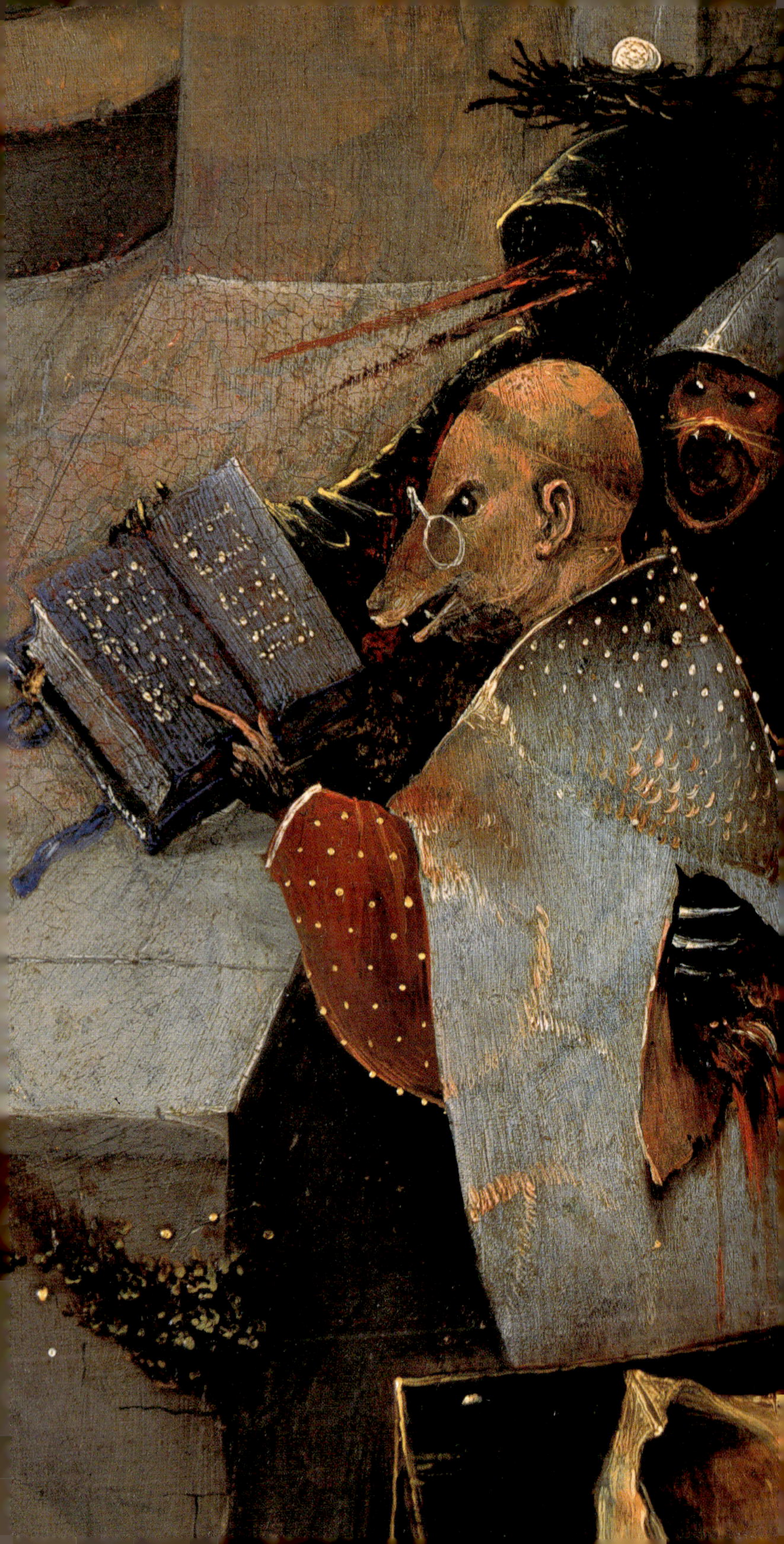

JÉRÔME BOSCH RACONTÉ

A. Regarder un tableau

On a vu soit à Londres, soit à Gand, des tableaux avec au milieu de la scène le Christ ; puis, à Madrid, un panneau avec une foule de nus. À Rotterdam, un misérable avec un panier sur le dos et son pantalon troué au genou. À Venise, une femme* crucifiée. Des tortures atroces et, au loin, des villes en flammes. Tout cela peint par le même Jérôme Bosch qui, bientôt, sera mort depuis cinq siècles. L'amateur consulte des livres et lit des explications parfaitement contradictoires. Il se souvient des peintures qui lui ont plu ; celles qu'il n'aimait pas, il les oublie.

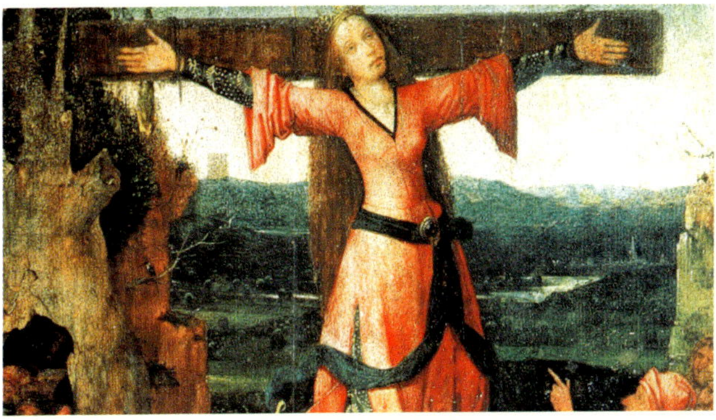

Le Triptyque de la martyre crucifiée (détail du panneau central). Huile sur bois. Venise, Palazzo Ducale.

Avant d'entamer la lecture de Bosch, examinons le processus qui se déroule quand nous regardons un tableau.
Précédant l'interprétation, il y a l'*information.* Elle est fournie par autrui et/ou notre propre observation. Si la première est clairement énoncée, nous savons fort bien qu'elle peut véhiculer des significations apparemment secondaires mais en réalité très différentes, voire contraires à l'acception courante des mots. Ainsi, l'insulte peut être servie sous forme d'un gracieux compliment. Quant à la seconde information, à savoir notre *observation,* elle est le résultat d'un processus à la fois éminemment complexe et étonnamment simple. En observant, nous ne faisons pas appel uniquement à nos sens. Nous observons avec l'entité tout entière de notre personnalité, c'est-à dire nos qualités et nos défauts, nos connaissances (réelles et prétendues), mais aussi notre ignorance. Fréquemment, nos traits de caractère nous imposent un usage sélectif de nos facultés : des faits indéniables, nous retenons parfois ce que nous préférons retenir et nous ignorons délibérément ce que nous préférons ignorer, par exemple les choses qui nous déplaisent.

La Tentation de saint Antoine (détail du panneau central). Huile sur bois. Lisbonne, Museu de Arte Antiga.

Certes l'artiste* a concrétisé son message et sa vision dans l'œuvre que nous contemplons; or celle-ci ne fonctionne nullement comme un parfait dispositif de relais. L'œuvre transmet une communication tronquée. À cette communication s'ajoute le spectateur, c'est-à-dire une personne qui se mire dans l'œuvre : elle y cherche ses propres désirs, ses rêves, ses préférences et ses souvenirs.

Personne ne peut défendre l'amateur d'art de s'égarer dans les œuvres qu'il contemple. Ce serait contester son bon droit de jouir des tableaux, sculptures et autres objets qu'il aime et qu'il admire. L'*interprétation* de l'œuvre d'art se fait à des échelons différents.

Il y a d'abord celui du passant, c'est-à-dire l'échelon des gens qui visitent un musée ou une exposition comme on prend l'air. Les personnes qui déclarent ne porter aucun intérêt ni aux données historiques du tableau, ni à la biographie de son auteur ne peuvent être honnies. C'est leur choix de s'entretenir avec l'œuvre au niveau qui leur sied : disons un divertissement et, assez souvent, un malentendu sans conséquences graves.

Le véritable amateur d'art éprouve vite le besoin de se documenter et d'étudier le contexte dans lequel l'œuvre a été créée, car il aura constaté qu'un contact superficiel engendre le malentendu. De ses dialogues avec les créations de l'esprit, il tire un intérêt enrichissant et durable.

L'érudit creuse l'objet de ses investigations. Il a le mérite d'avoir établi nos connaissances sur le passé et de les corriger sans cesse. Or, ce beau métier tend des pièges à ceux qui l'exercent. Le spécialiste a tendance à chercher surtout des arguments qui semblent étayer ses thèses et ses hypothèses. Que de doctes publications multiplient parfois le nombre de fausses pistes, la littérature au sujet de Jérôme Bosch en offre des exemples saisissants.

Sur le plan de la «consommation» strictement esthétique, il n'y a rien à dire. Par contre, l'auteur qui publie sur Bosch est tenu par une certaine obligation morale à l'égard du lecteur : il faut que ce dernier, en lisant le texte, puisse distinguer entre les conjectures et les données historiques convenablement établies.

L'*objectivité* d'une interprétation n'est rien d'autre que la subjectivité au niveau le moins élevé. Disons qu'une lecture «scientifique» de Jérôme Bosch est une tentative professionnelle de reconstituer l'œuvre dans l'époque et la société pour lesquelles elle a été conçue, à savoir non seulement son entité et sa fonction* d'origine, mais aussi le message qu'elle véhiculait jadis. Inutile de dire que cette reconstitution doit être justifiée et qu'elle reste valable jusqu'à preuve du contraire.

B. Regarder Jérôme Bosch

Les auteurs n'ont de cesse de célébrer Jérôme Bosch, génial peintre et inventeur d'images. Mais ce n'est qu'au XXe siècle qu'il est entré dans une telle considération car, après sa mort, il jouissait d'une célébrité mitigée : il passait pour un peintre de « diableries ». Dans son journal de voyage, Albrecht Dürer ne souffle mot de Bosch, alors qu'il note méticuleusement tout ce qu'il a vu et qu'il est passé à Bruxelles et à Bois-le-Duc.

Commencer l'exploration de l'univers boschien par deviner la signification d'une scène quelconque qui nous accroche, et voilà qu'on a déjà commencé à s'égarer.

Essais de lectures primaires

• Le prétendu *Jardin des délices* (Madrid)

Fonction : la structure de l'œuvre est celle d'un triptyque*. Compte tenu des dimensions (220 × 195 cm), il s'agit d'un retable. La structure implique que les quatre scènes sont indissociables.

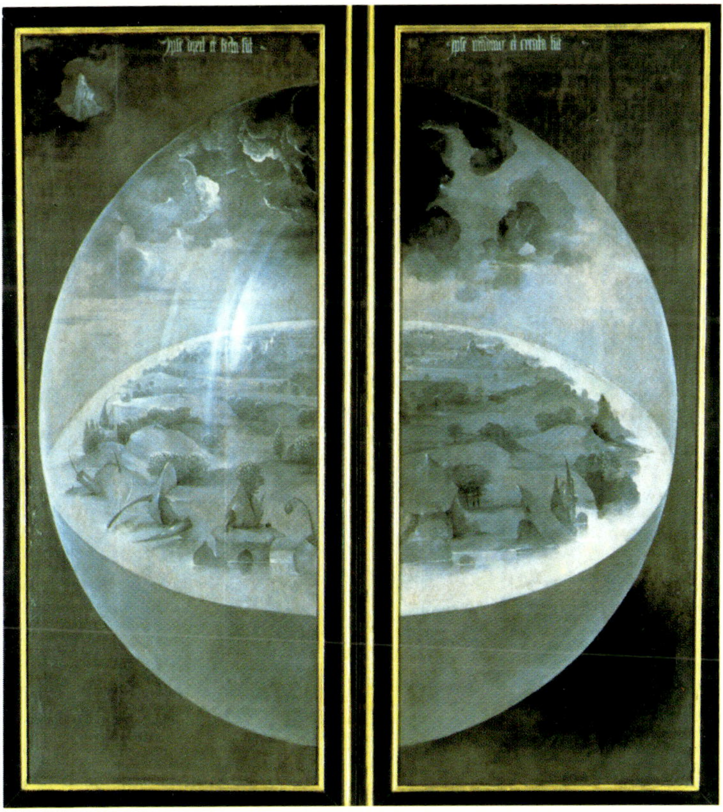

Le Jardin des délices (triptyque fermé). Huile sur bois. Madrid, Museo Nacional del Prado.

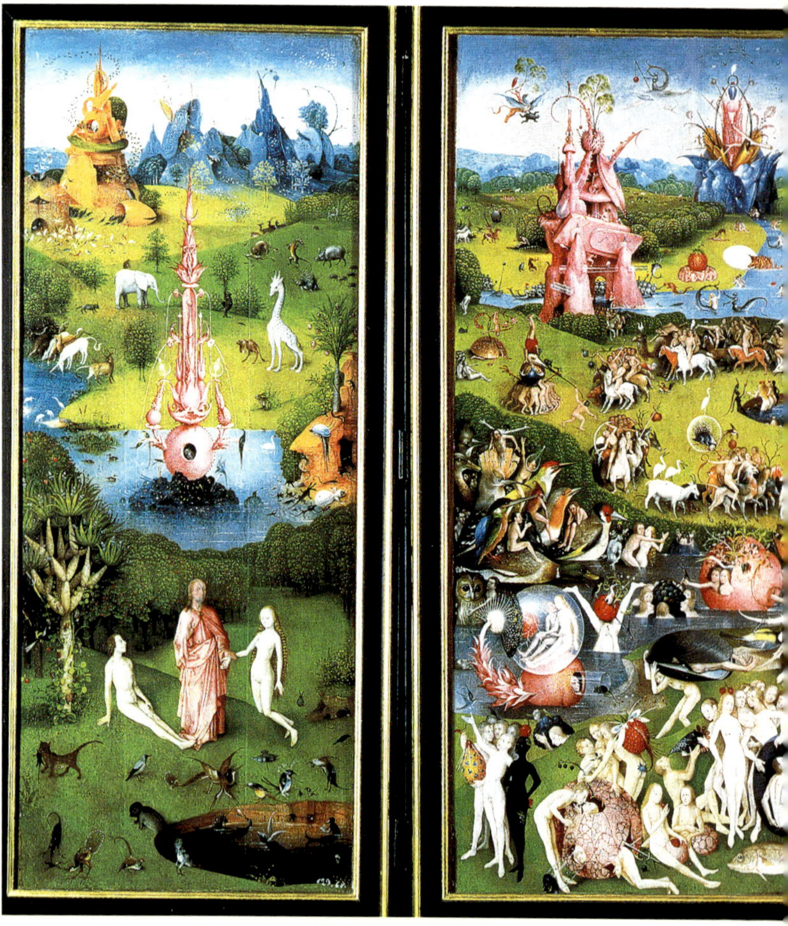

Le triptyque fermé : le paysage désolé et le globe semblent représenter le monde avant la création d'Adam. Dans le coin supérieur gauche, on voit un vieillard coiffé d'une tiare. La citation en latin extraite du Psaume 33 identifie le personnage comme Dieu au moment de la création du monde. La scène a un caractère essentiellement religieux, en l'occurrence biblique.

Le Jardin des délices (triptyque ouvert). Huile sur bois. Madrid, Museo Nacional del Prado.

Le triptyque ouvert : le récit se lit de gauche à droite. Le volet gauche et le panneau central ont un ciel et un horizon en commun. La scène du volet gauche est incontestablement située au Paradis* terrestre. La scène du volet droit représente manifestement l'Enfer*. Dans le contexte de la théologie de l'époque, la *seule* relation entre le Paradis terrestre et l'Enfer est le péché. Comme les scènes du panneau central ont un caractère érotique, le sujet principal du triptyque est nécessairement la luxure.

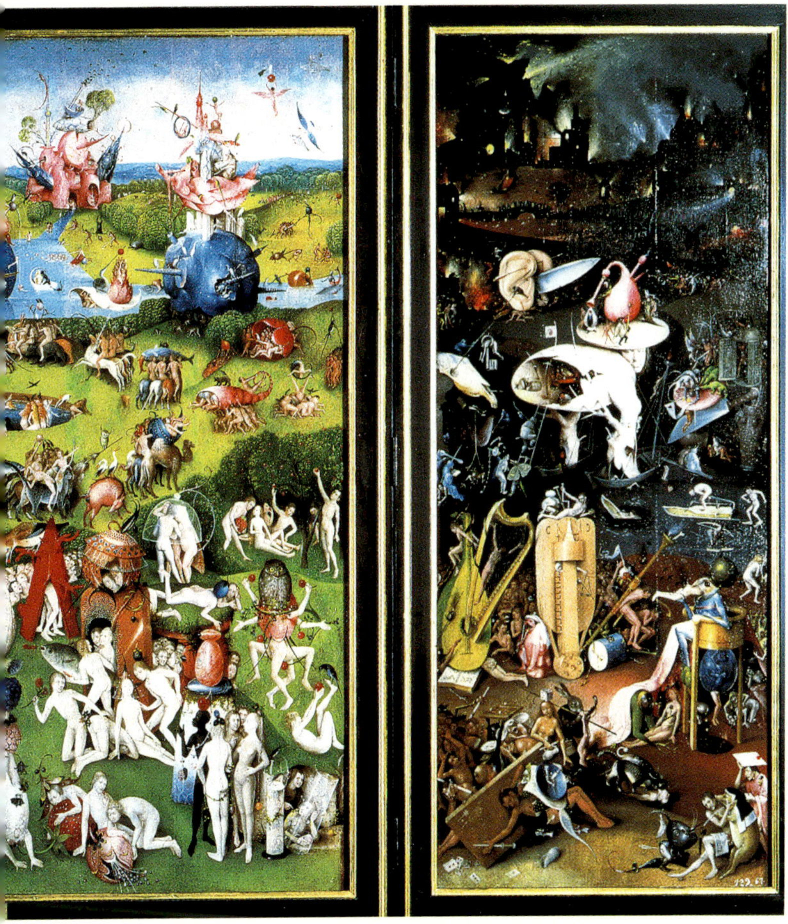

Interprétation de l'ensemble : Dieu a créé le monde, puis au Paradis terrestre, où le mal est déjà présent, il crée Adam et Ève. Ignorant son ultime destin, l'Homme s'adonne au péché de la chair. Pour ce plaisir éphémère et coupable, il ira en Enfer. (Le message du triptyque est un avertissement.)

• *Le Chariot de foin* (Madrid)

Fonction : la structure de l'œuvre est celle d'un triptyque. Compte tenu des dimensions (135 × 100 cm), il s'agit d'un retable. La structure implique que les scènes extérieures et intérieures sont indissociables.

Le triptyque fermé : la scène principale représente un homme grisonnant qui erre sur les routes. Les deux scènes secondaires illustrent clairement la rapine et la débauche. À l'arrière-plan, on voit les lieux patibulaires avec le gibet, et à l'avant-plan, une nature morte macabre. Le sujet semble avoir un caractère profane.

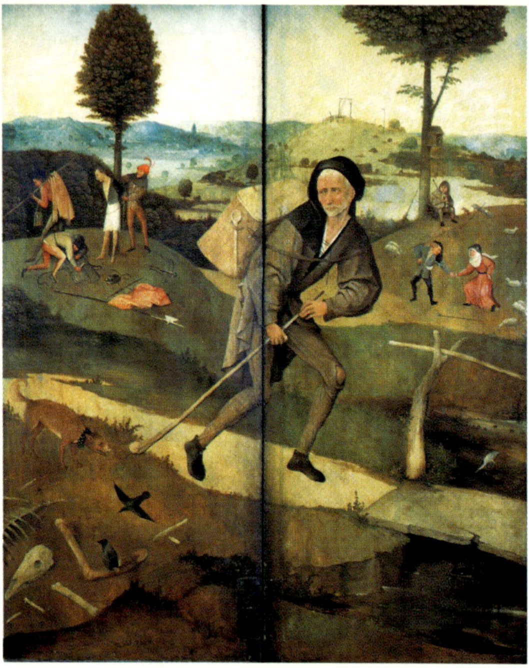

Le triptyque ouvert : le récit se lit de gauche à droite. Les scènes du volet gauche et celles du panneau central sont situées dans des paysages ; celle du volet droit dans une ruine. Sur le volet gauche, de haut en bas, on distingue quatre scènes : la Chute des Anges rebelles, la Création d'Ève, la Chute d'Adam et Ève

Le Chariot de foin (triptyque fermé). Huile sur bois. Madrid, Museo Nacional del Prado.

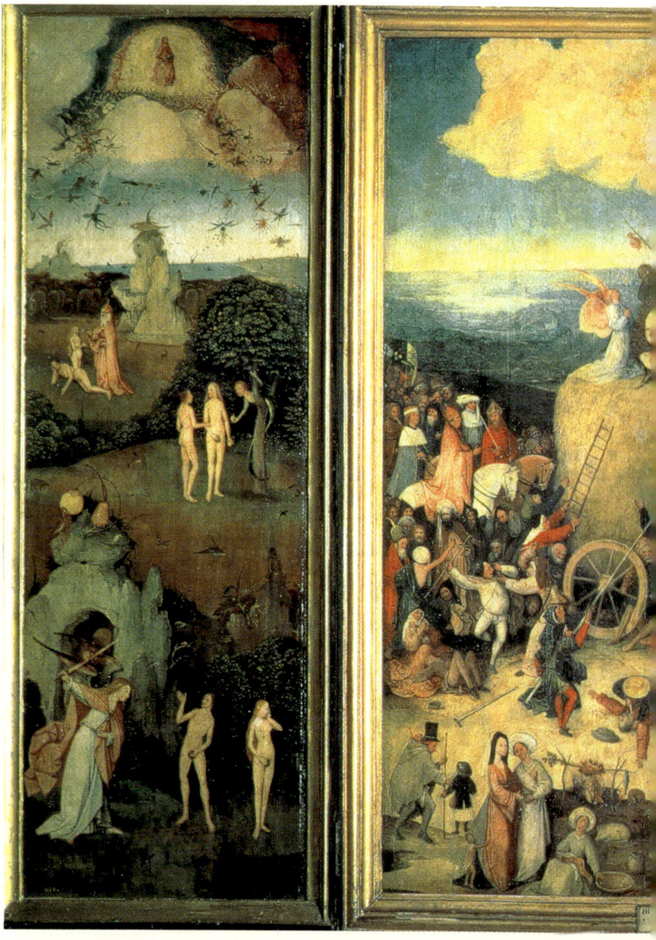

(parallèle à celle des Anges), Adam et Ève chassés du Paradis terrestre. Le volet droit représente incontestablement l'Enfer. Dans le contexte de la théologie de l'époque, la *seule* relation entre le Paradis terrestre et l'Enfer est le péché. Le foin, symbole emprunté au Livre d'Isaïe (40:7-8), est une allégorie des biens terrestres. Détail très important : l'Ange Gardien, agenouillé au sommet de la meule de foin, désespéré, s'adresse au Christ, le Rédempteur, qui apparaît dans un nuage. Le sujet du triptyque ouvert est incontestablement religieux. En outre, il identifie le personnage du triptyque fermé comme représentant de l'humanité.
Interprétation de l'ensemble : L'Homme, créé par Dieu au Paradis terrestre, a désobéi à son créateur en succombant à la tentation du diable*. Pour ce péché originel, il est chassé du Paradis terrestre. La cupidité, la luxure, l'orgueil… bref, tous les péchés capitaux règnent sur le monde. Obsédé par le péché et ignorant la prémonition du Christ, l'Homme finira en Enfer. Le message essentiel est emprunté

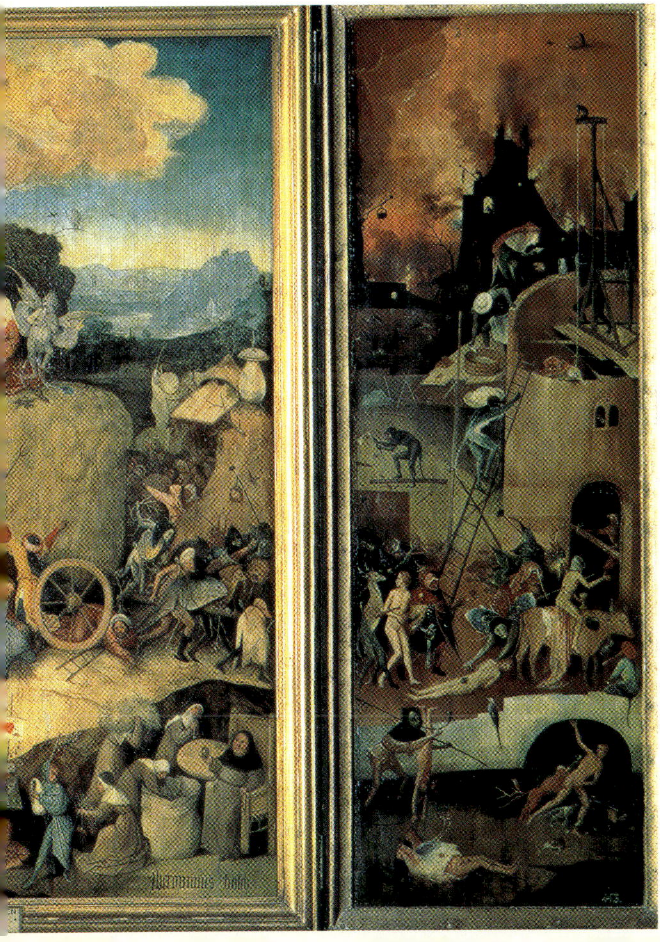

Le Chariot de foin (triptyque ouvert). Huile sur bois. Madrid, Museo Nacional del Prado.

au Deutéronome (32:28-29) : « Car c'est une nation insensée, dépourvue d'intelligence. Sages, ils comprendraient ; ils réfléchiraient à ce qui les attend. » Le personnage représenté sur les volets fermés, visiblement un marchand ambulant, est une allusion à notre existence éphémère sur Terre, un thème très courant emprunté à l'Épître aux Hébreux : « Nous n'avons point ici-bas de cité permanente. »

• *La Tentation de saint Antoine* (Lisbonne)

Fonction : la structure de l'œuvre est celle d'un triptyque. Compte tenu de ses dimensions (132 × 119 cm), il s'agit d'un retable. La structure implique que les scènes extérieures et intérieures sont indissociables.

Le triptyque fermé : à l'arrière-plan, sont illustrés deux épisodes du portement de Croix. À l'avant-plan, on voit à gauche Pierre et Malchus, à droite les deux Larrons avant le supplice. Les scènes des volets fermés ont un caractère religieux.

Le triptyque ouvert : les trois scènes sont situées dans le même paysage et ont l'horizon en commun. Leur composition est centripète. Le visage de l'ermite saint Antoine se trouve au milieu du panneau central. Sur toute la surface du triptyque ouvert, sont éparpillées des inventions

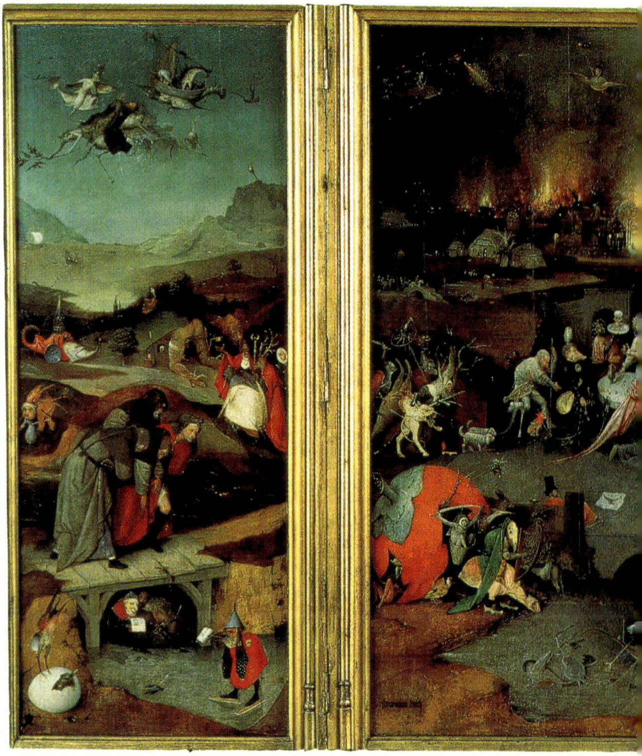

La Tentation de saint Antoine (triptyque ouvert). Huile sur bois. Lisbonne, Museu de Arte Antiga.

diaboliques destinées à tenter l'ermite. Dans une pièce obscure, au sein d'une ruine, le Christ est devant un petit autel sur lequel figurent un crucifix et un chandelier avec cierge allumé. Cette scène, aussi discrète soit-elle, véhicule manifestement un message important.
Interprétation de l'ensemble : le thème du retable est visiblement la fermeté inébranlable du saint ermite. Quoi que puisse entreprendre le démon, c'est en vain qu'il use de son ingéniosité diabolique pour faire succomber saint Antoine à la tentation. Le Christ, présent sur l'arrière-scène du spectacle infernal, invoque sa mort sur la Croix (et sa Passion représentée sur les volets fermés). Il est là en tant que Rédempteur.

Complets et non mutilés, ces trois triptyques sont parfaitement représentatifs de l'œuvre de Bosch : ce sont des créations qui témoignent d'une foi profonde mais qui, au XXIe siècle, déroutent le spectateur. À ma connaissance, il n'existe pas de retables à usage profane qui aient été peints aux anciens Pays-Bas* à l'époque de Bosch (à l'exception d'un tableau héraldique). En principe, ces trois triptyques étaient destinés à un autel. Que leurs sujets s'accordent mal avec la

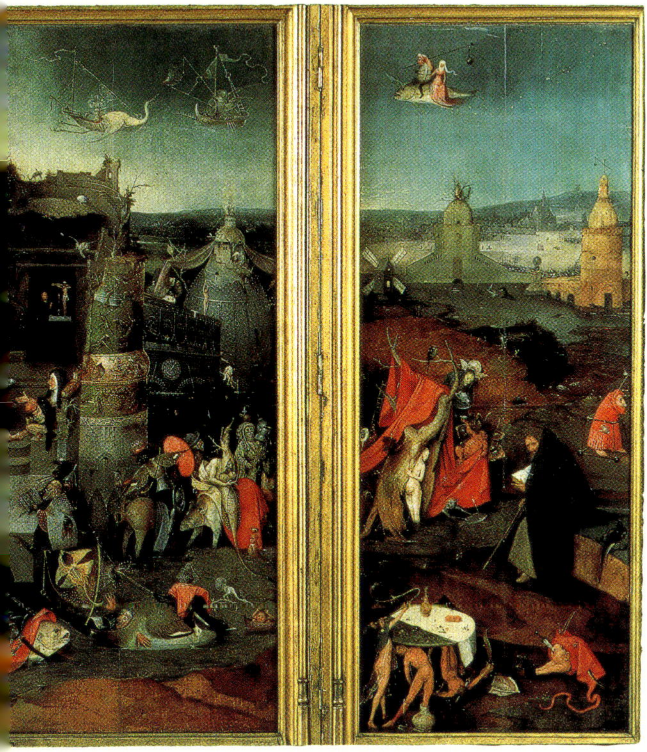

tradition iconographique, nous en convenons. L'idée a été émise que ces trois triptyques n'ont pas pu servir de retable d'autel. Nous comprenons ces objections, mais nous persistons et signons dans notre interprétation, tout simplement parce que ces trois œuvres ont un sujet en commun, à savoir un recueillement sur le péché, que nous estimons être une réflexion religieuse et non profane.

C. Comprendre Jérôme Bosch

En 1566, le chroniqueur flamand Marcus van Vaernewijck qualifiait le peintre en ces termes : « Maître Jérôme Bosch, que l'on nomme "faiseur de diables", parce qu'il n'eut pas son pareil pour faire des diables. »
Pourtant, si diablerie il y a, c'est plutôt chez ses imitateurs qui, visiblement, n'ont pas saisi la réflexion boschienne. Parmi eux, figure une exception de taille : Pieter Bruegel* l'Ancien. À la fois très proche et déjà éloigné de Bosch, Bruegel nous tend une perche. Pour son père spirituel, l'Homme était un pécheur incorrigible et par conséquent voué à la damnation éternelle. Bruegel, croyant lui aussi, fustige à son tour le comportement de l'Homme, même d'une façon plus caustique, mais il semble vouloir tenir compte de circonstances atténuantes. Il est plus humain et plus humaniste que Bosch. Moins fanatique.
Revenons un instant au panneau central de *La Tentation de saint Antoine* et réexaminons le triptyque à la lumière de textes contemporains :
« Celui qui veut contempler ma sainte Passion ne sera jamais vaincu par le diable et ses tentations. Si l'homme m'appelle à son secours, sur le champ il sera consolé par moi. La vie de saint Antoine et celle de tant de saints le prouvent. Car saint Augustin affirme que le Bon Dieu ne tolère nullement qu'un homme soit tenté au-delà de ses forces, pourvu qu'il fasse son possible pour résister aux tentations. » (*Dat boecxken vanden minne gods,* vers 1520)
« Le diable qui te fait subir des tentations sera honni. Même s'il te tourmente sans désemparer, tu vaincras et, crois-le fermement, tu trouveras ta récompense dans la gloire du Seigneur. Car c'est le Christ qui, par sa souffrance, se charge du faix le plus lourd. Car nul ne gagne la béatitude céleste par ses propres efforts. » (*Thuys der fortunen,* 1522)
Dans *La Tentation de saint Antoine,* la présence du Christ – discrète il est vrai – a rarement attiré l'attention des auteurs. Or, cette scène est *essentielle* à la compréhension du message formulé par l'artiste. Bien sûr, le pandémonium boschien continue d'éveiller l'attention, alors que la pensée pieuse d'antan a disparu de la scène. L'athée éprouve des difficultés à dialoguer avec son voisin croyant. Et le contact est encore plus difficile quand ce croyant est mort depuis cinq siècles.

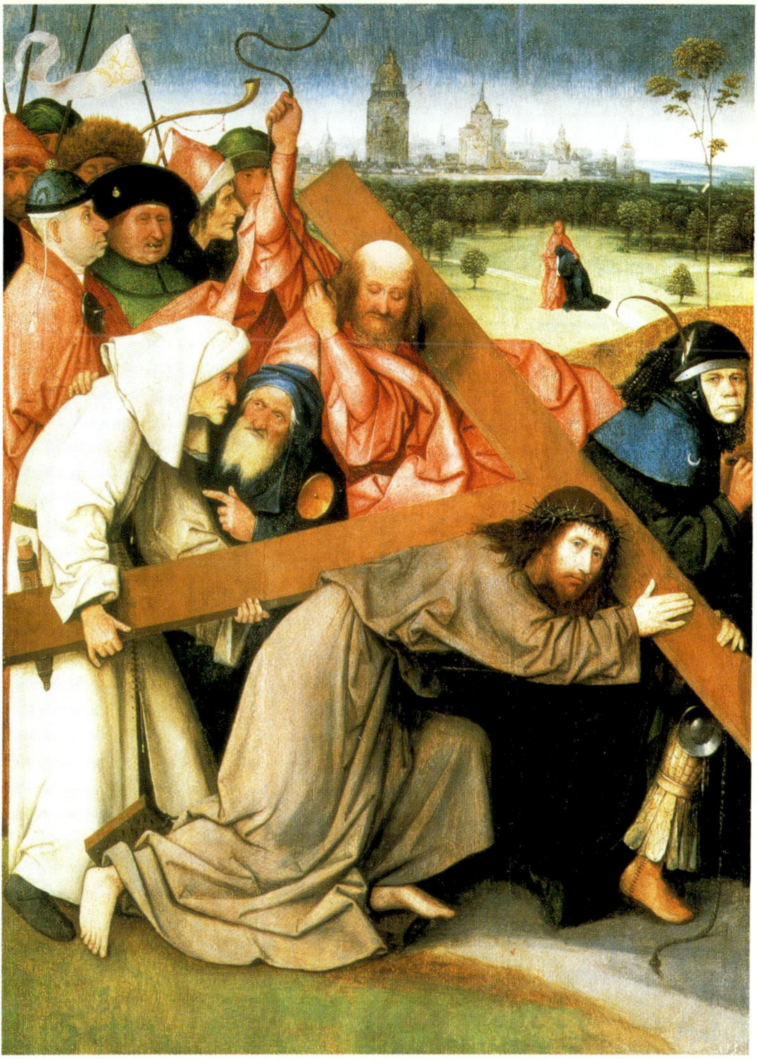

En étudiant les sources écrites de l'époque, on se heurte fréquemment à des éléments illogiques. On lit par exemple : « Jamais il n'y eut homme plus beau qu'Adam. » Mais Adam n'était-il pas le premier de son espèce ? Au temps de Bosch, la signification des symboles* n'était pas établie ; on utilisait éventuellement un même symbole pour faire allusion à des concepts différents, voire contradictoires. Leur logique était une logique pré-cartésienne. C'est ce qui déroute régulièrement l'investigateur rompu au raisonnement dit « scientifique », surtout quand il s'agit de décrypter les symboles que Bosch a insérés dans sa peinture. Signalons à titre d'exemple le fameux *Malleus maleficarum*, publié à Cologne en 1487. Ce *Marteau* des sorcières* offre un parfait exemple de cette logique peu logique. Rédigé avec une rigueur apparemment comparable à celle d'un manuel de géométrie, ce traité énumère en fait des arguments pêle-mêle.

Le Portement de Croix. Huile sur bois. Madrid, Palacio Real.

Le Chariot de foin (détail du volet droit). Huile sur bois. Madrid, Museo Nacional del Prado.

Après avoir épluché quantité de textes écrits, on continue de s'étonner d'un état d'esprit qui surgit à tout bout de champ :
« Femme jamais ne regardes
Homme luxurieusement
Ni vostre mary mesmement
Aussi jamais ne vous fardes. »
(Le Doctrinal des femmes mariées, 1488-1490)

« On veut jouir des choses terrestres et fugaces ? Imaginons donc notre vie (céleste) future dans laquelle nous allons profiter de toutes les jouissances ! » (*Vaderboec,* 1480).

« La joie suprême céleste est engendrée par la désolation terrestre la plus profonde ; comme les grandes jouissances terrestres engendrent la détresse suprême en Enfer. » (*Dat gulden gewichte,* vers 1500).

Ces textes démontrent à quel point leurs auteurs étaient peu logiques avec eux-mêmes. Le diable y est omniprésent. On a l'impression que la respiration était déjà le premier pas sur le sentier menant à la dépravation.

Vincent de Beauvais en fournit un exemple : « ung frere vouloit passer un fleuve avec sa mère & envolopa ses mains en son mantel & la porta oultre. Et sa mère luy demanda pourquoy il avoit ainsi faict &

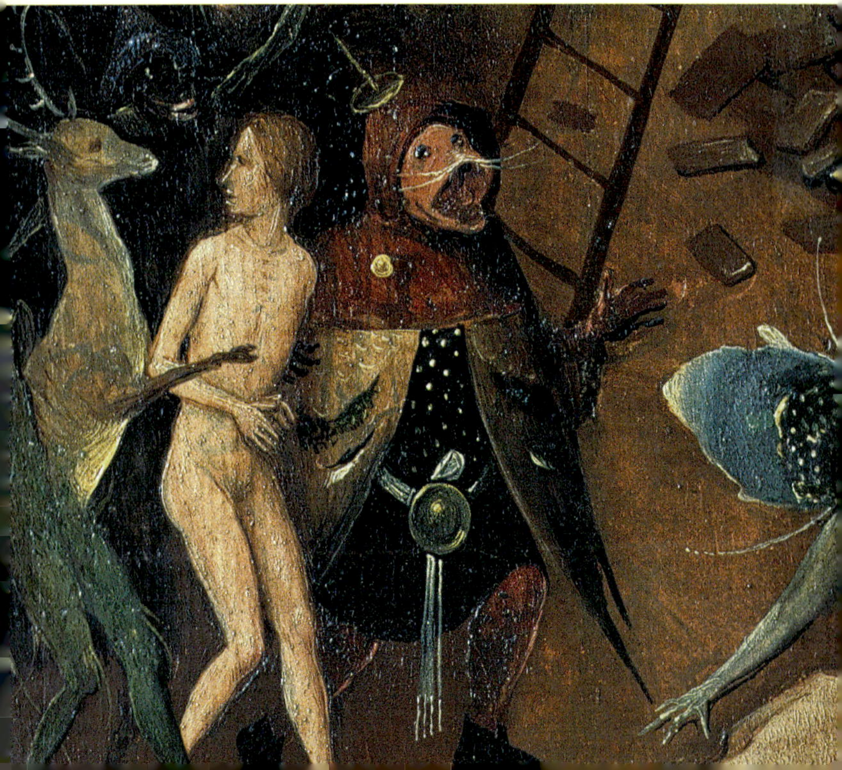

il respondit : pource que corps de femme est feu & pource que je tatouchoie il me venoit ramembrance des autres femmes. » (1495)
Chez Jérôme Savonarole, l'aversion pour les plaisirs de la vie sur Terre et le sentiment de culpabilité étaient tels qu'il reprocha à sa « mère charnelle » de l'avoir conçu « par désir coupable » !

Cet état d'esprit est couramment désigné sous les termes de *contemptus mundi* (« mépriser le monde »), par lesquels il faut entendre non seulement le refus de toute sensualité, mais aussi la désapprobation de toute conduite dont le but est de profiter de la vie et d'accumuler des biens ; c'est une mise en garde contre les ruses du diable et une exhortation à résister à la tentation, bref, tout ce qu'évoquent des mots tels que remontrance et mortification. Il faut que l'Homme réalise que son destin se trouve dans l'au-delà. C'est le message principal que Bosch semble avoir consigné dans ses tableaux. Ignorer ce message ou vouloir ignorer ce discours implique qu'on préfère le malentendu.

Attachons-nous maintenant à essayer de décoder le langage de Jérôme Bosch. Il ne s'agit nullement d'approuver ou de désapprouver les convictions qui étaient les siennes.

Roger-Henri MARIJNISSEN et Peter RUYFFELAERE

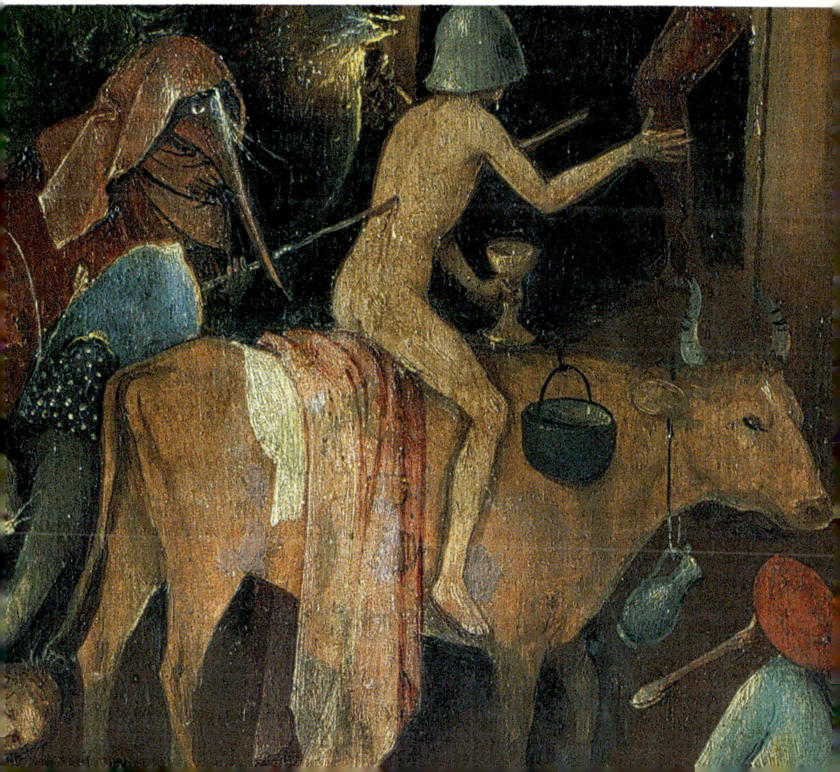

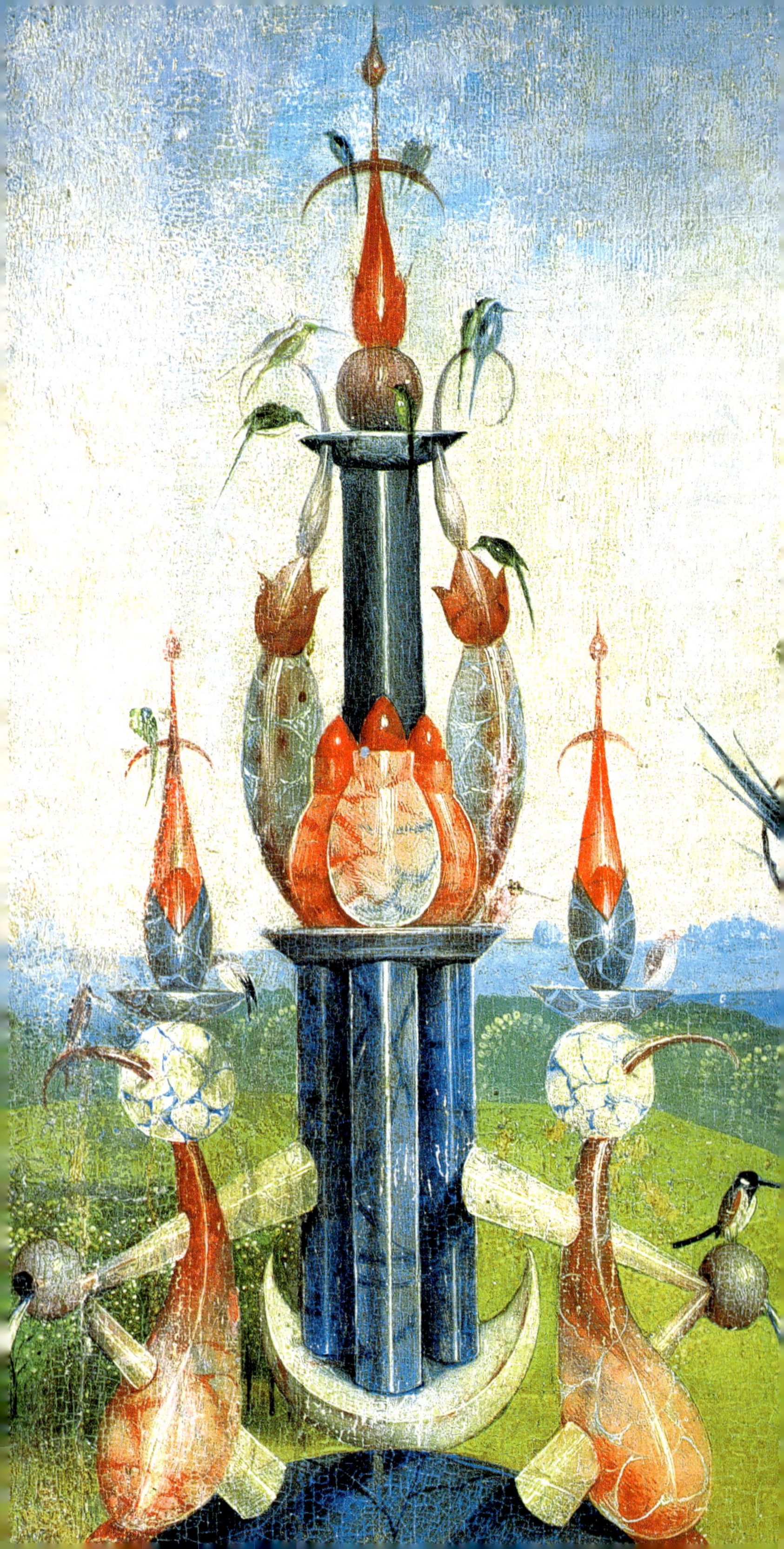

Alchimie

Ce terme définit les recherches chimiques empiriques et philosophiques effectuées avant que les savants du XVIIIe siècle, notamment Lavoisier, élaborent la chimie scientifique. En observant les réactions chimiques provoquées par des mélanges, des distillations et des fusions, les alchimistes étaient surtout à la recherche de l'élixir de longue vie ou de la pierre philosophale qui aurait permis de transmuer les métaux en or. Si l'alchimie a préparé l'essor de la chimie scientifique, son ésotérisme a fréquemment servi à camoufler l'imposture et la supercherie. Généralement associée à la magie et au sortilège, l'alchimie a souvent été condamnée par l'Église. L'imagerie que l'on trouve dans les traités alchimiques évoque parfois des scènes boschiennes : alambics, cucurbites, fours et fournaises. Il n'est pas exclu que Jérôme Bosch ait vu des alchimistes à l'œuvre et qu'il connaissait la « philosophie hermétique » mieux que nous, mais les indications historiques dont nous disposons ne suffisent pas pour affirmer qu'il était adepte d'une secte d'alchimistes, ni même qu'il y travaillait. La variété et la richesse de l'imagerie boschienne se prêtent à toutes les interprétations préférentielles du spectateur, interprétations qui vont jusqu'à trouver chez Bosch des symboles alchimiques et prémaçonniques jumelés. Remarquons que ces interprétations sensationnelles ont un point commun : elles ignorent la fonction* initiale des œuvres.

Le Jardin des délices (détail du panneau central). Huile sur bois. Madrid, Museo Nacional del Prado.

Ecce Homo (détail). Huile sur bois. Francfort-sur-le-Main, Städelsches Kunstinstitut und Städtische Galerie.

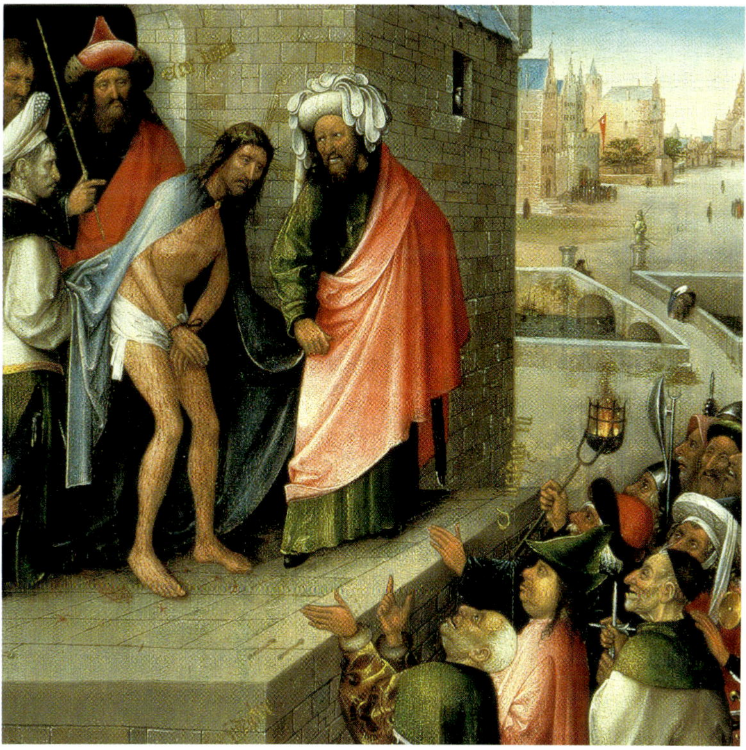

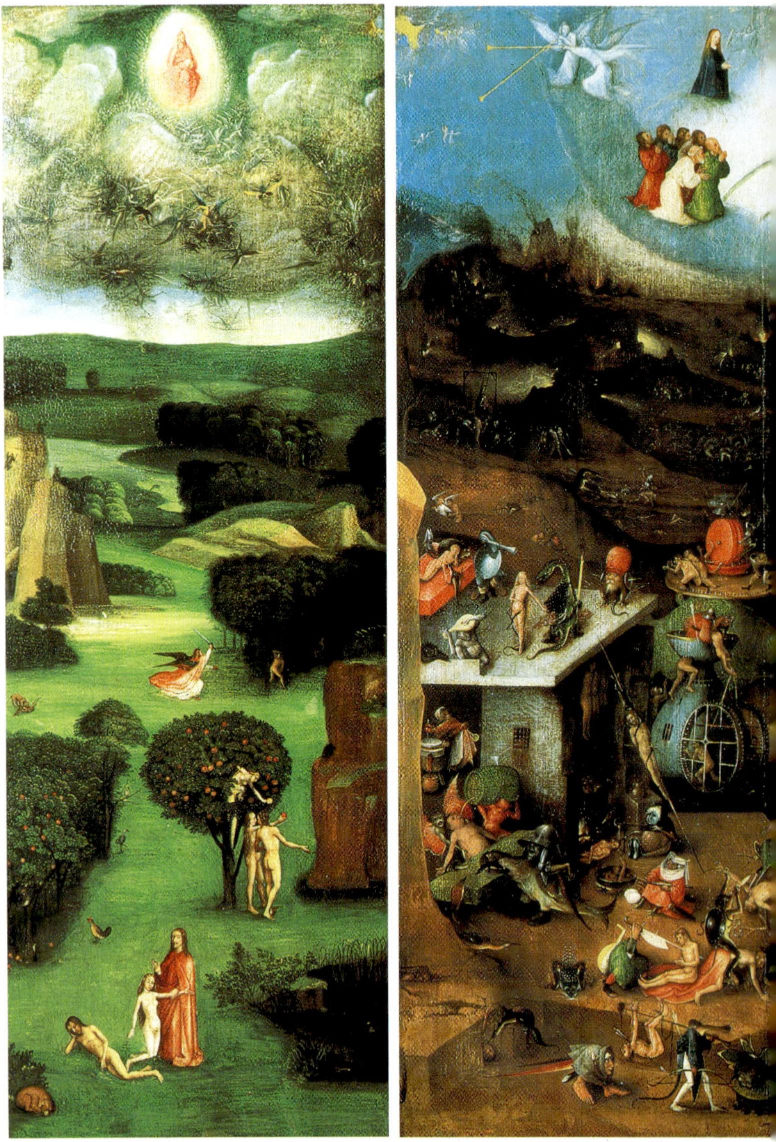

Le Jugement dernier (triptyque ouvert). Huile sur bois. Vienne, Akademie der Bildenden Künste.

Artiste

Jérôme Bosch est artiste au même titre que Pablo Picasso. Or, s'ils ont beaucoup en commun, un gouffre, plus large que cinq siècles, les sépare.

Tout au long de sa carrière, ce dernier décida chaque jour de ce qu'il allait faire : une aquarelle minuscule, le portrait d'une nouvelle maîtresse, une eau-forte sur la tauromachie, une céramique, une sculpture ou n'importe quoi d'autre. Si son œuvre reflète la société dans laquelle il a vécu, il s'est toujours tenu à l'écart des préoccupations de cette société.

À l'inverse, les artistes de la fin du XVe siècle et du début du XVIe travaillaient sur commande. Un triptyque* était normalement exécuté comme objet du culte à la demande d'un donateur, éventuellement d'une communauté religieuse, et destiné à un endroit déterminé. Bosch

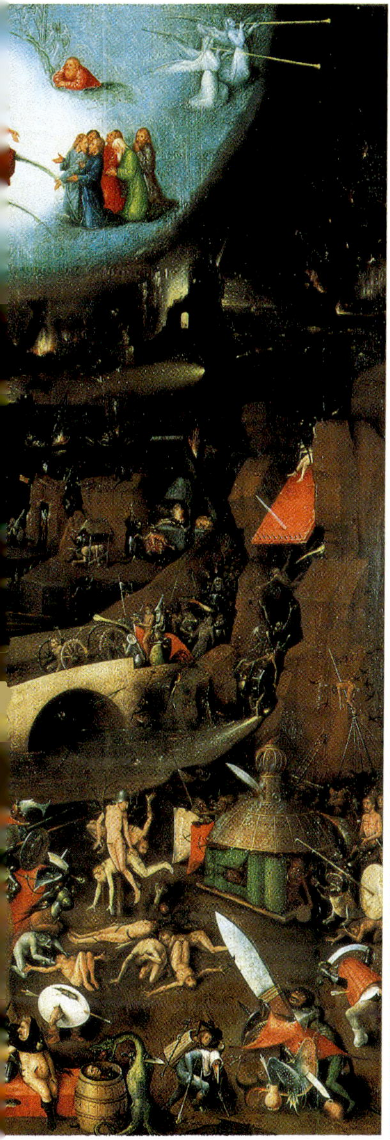

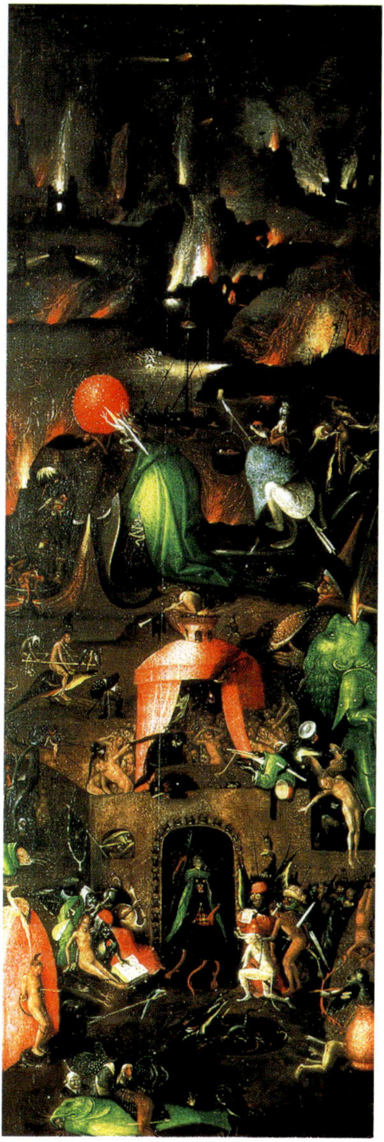

lui-même accepta de telles commandes. En témoignent l'*Ecce homo* (Francfort), *L'Adoration des mages* (Madrid) et le « Jugement de dieu, ung grant tableau de paincture de neuf pietz de hault et onze pietz de long », commandé en septembre 1504 par Philippe Ier le Beau. Grands artistes tous les deux, Bosch et Picasso ont produit des œuvres dont la fonction* était radicalement différente. Concrétiser la vision de sa société sur les « Quatre Fins du monde » était la tâche du premier ; Picasso, lui, ne travaillait que pour Picasso. Aux XVe-XVIe siècles, créer une œuvre « sur commande » n'avait pour un artiste rien d'humiliant. Sa formation* en tant qu'artisan lui permettait de tenir compte des desiderata de ses clients sans devoir renoncer à son élan créateur. Bosch en fournit une preuve éclatante.

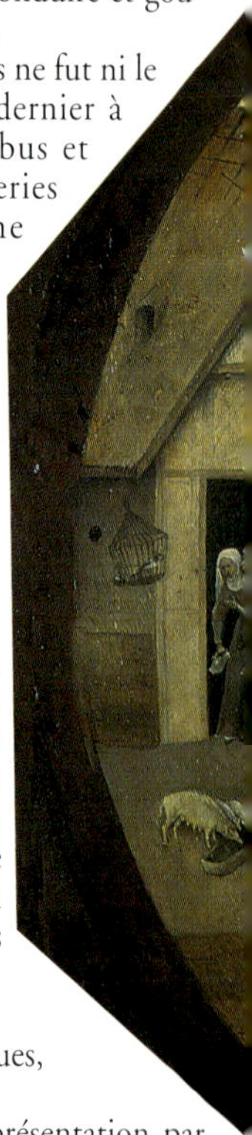

Le Fils prodigue (ou *Le Colporteur*). Huile sur bois. Rotterdam, Museum Boijmans Van Beuningen.

Astrologie

L'astrologie étudie l'influence qu'ont les astres et leur constellation sur le caractère et le comportement des êtres humains. Cet art de la divination* remonte à la plus haute Antiquité.

Parmi les impressions* typographiques les plus anciennes, on trouve un calendrier astrologique pour l'an 1448. En ce temps-là, les astrologues publiaient chaque année leur nouvelle *Prenostication.* Dans celle de l'an 1518, qui a trait au climat de France, Maistre Guillaume Amours, docteur en médecine à Louvain, déclare « qu'entre toutes les sciences et doctrines humaines selon Ptolemeus », il « trouve la science de l'astrologie la plus vraye que toutes les autres, car elle est par mathématicque & par géométrie réglée ». De son côté, l'astrologue Alphonse Laet affirmait en 1553 que « par tesmoingnaige de tous les savants, nul ne peult estre perfaict medecin s'il ne scait l'art de l'astrologie ».

À l'époque de Jérôme Bosch, l'astrologie classait les caractères humains en quatre catégories : sanguin, colérique, flegmatique et mélancolique. Ainsi le diagnostic médical, mais aussi le traitement, tel que la saignée, étaient souvent déterminés par la constellation des planètes, autrement dit par l'horoscope du patient. En 1547, un éditeur parisien publia *L'Épitome* de David Finarensis, « medecin, de la vraye astrologie et de la reprouvée, auquel est traité du franc arbitre, de predestination, prescience, providence, destinée et autres bons passages ». Dénonçant les imposteurs, l'auteur écrit « contre ladite Astrologie, vue les inconvéniens qui journellement en aviennent à gens malades ». Son ouvrage nous apprend que les gens consultaient des astrologues avant de « commencer édifices, réparer chasteaux, bailler alarmes, envoyer ambassades, présenter requestes, accomplir choses secretes » et autres choses que Finarensis a « honte de reciter ». Il critique les professeurs d'astrologie, notamment « le gain injuste qu'ilz font au détriment non seulement du commun populaire, mais de plusieurs grands seigneurs, lesquels de ce non avertiz se laissent tant en leurs maladies, qu'en leurs grands affaires conduire et gouverner par eux ».

David Finarensis ne fut ni le premier, ni le dernier à dénoncer les abus et autres supercheries d'une certaine astrologie. Saint Augustin, Pic de La Mirandole, Jérôme Savonarole, Sebastian Brant l'avaient fait avant lui. Dans l'*Oorspronck onser salicheyt,* un traité publié en 1517, soit un an après la mort de Bosch, on lit que le diable Belzébuth emmenait les *wichelaers,* c'est-à-dire les astrologues, en enfer*.

En 1950, la représentation par Bosch du prétendu *Fils prodigue* (Rotterdam) a été analysée dans le contexte des influences zodiacales : le personnage est un saturnien, un mélancolique, un indécis. D'autres personnages boschiens, en particulier les mendiants*, ont été étudiés en tant que *Planetenkinder.* La détection de ces éléments zodiacaux dans les scènes boschiennes pose des parallèles avec celle d'images alchimiques. Pour Bosch et tous ses contemporains, il était difficile d'ignorer une doctrine qui imprégnait la vie quotidienne. Si aucune objection ne peut être opposée à une investigation de l'œuvre inspirée par l'histoire de l'astrologie, la cohérence et surtout la fonction* des peintures de Bosch écartent néanmoins l'hypothèse d'une inspiration astrologique systématique. Un Jérôme Bosch peintre au service de la divination est une supposition dépourvue de sens.

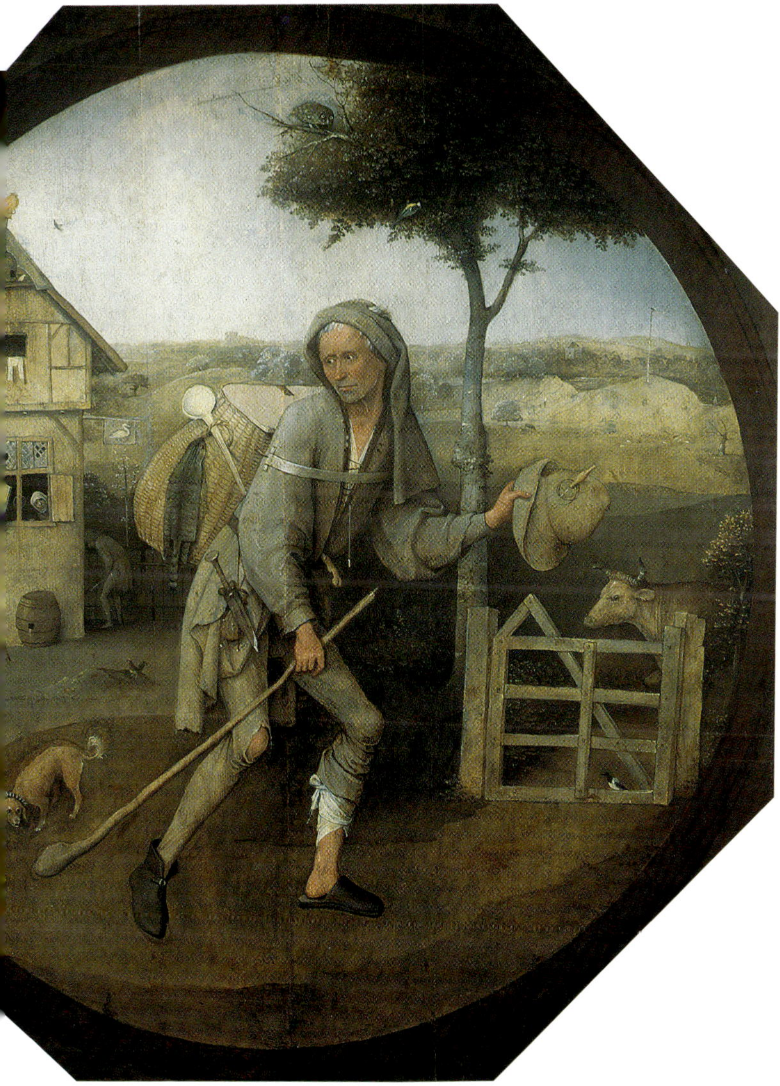

Autoportrait

On ne connaît aucun portrait de Jérôme Bosch sur lequel on possède des données historiques assez fiables pour en garantir l'authenticité. Dans l'ensemble de son œuvre, deux portraits ont été désignés comme étant des autoportraits éventuels. Ce sont : d'une part, l'homme qui soutient saint Antoine évanoui, dans la scène principale sur le volet gauche (ouvert) de *La Tentation de saint Antoine* (Lisbonne) ; d'autre part, la tête du grand monstre sur le volet droit (ouvert) du prétendu *Jardin des délices* (Madrid). Signalons toutefois que ce dernier autoportrait présumé a été interprété par Charles de Tolnay comme « ein Geiler Idiotenkopf », c'est-à-dire « une tête d'idiot lubrique ». Cela met en garde contre une lecture spontanée de l'imagerie boschienne.

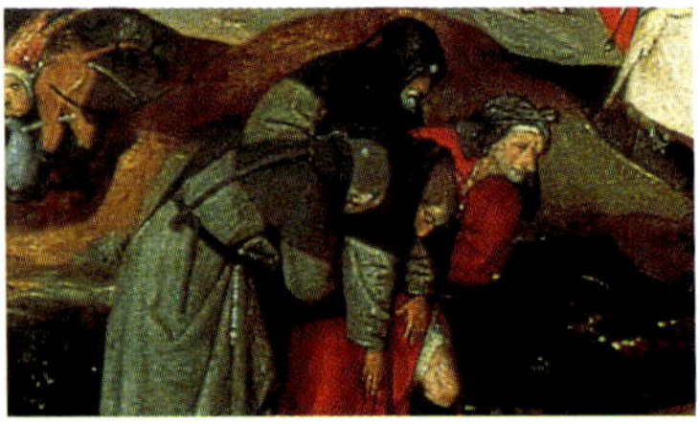

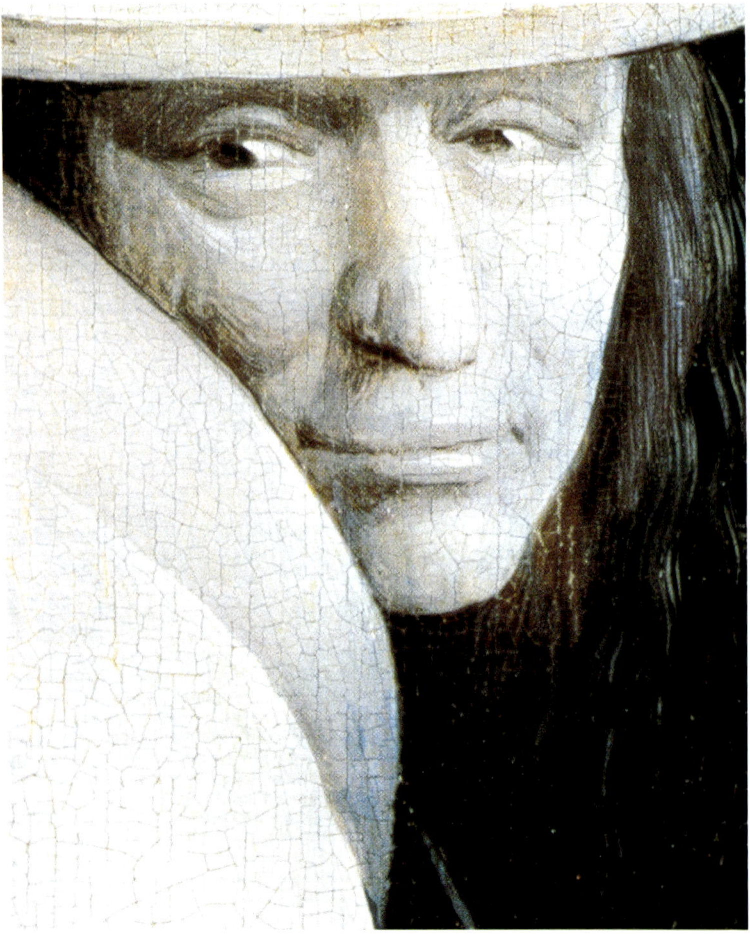

Bougrerie

Par bougrerie, en anglais *buggery,* et en moyen-néerlandais *bugerie* ou *buggernye,* il faut entendre sodomie. Dans les textes, cet acte est parfois cité en latin comme *crimen nefandum,* le crime infâme. De telles mœurs étaient introduites, prétendait-on, par les païens et les incrédules. À l'époque de Jérôme Bosch, la sodomie était dénoncée comme un péché plus grave que l'inceste commis par un père avec sa fille. À cause de ce péché innommable, Dieu aurait hésité pendant cinq mille ans avant de descendre sur Terre. Le Déluge, la destruction de Sodome et Gomorrhe, la peste : à l'origine de tout cela, on trouve le péché contre nature. Celui qui était dénoncé ou pris en flagrant délit risquait la peine de mort. Dans l'édition de 1478 du livre anonyme intitulé *Schone Historie gehyeten Sydrac,* on lit que les sodomites, indignes d'être portés par la Terre, devaient être condamnés au bûcher.

Jérôme Bosch a représenté les deux formes de la luxure – l'hétérosexualité et l'homosexualité – dans une scène discrète mais centrale, sur le panneau du milieu du soi-disant *Jardin des délices.* En moyen-néerlandais, *zich bugen* veut dire « se pencher », d'où le calembour *bugerie.*

Bourgeoisie

Si de nombreuses questions au sujet de Jérôme Bosch demeurent sans réponse, la cohérence de l'œuvre conservé fournit quand même la preuve qu'il travaillait pour la bourgeoisie, éventuellement pour des ecclésiastiques issus de la bourgeoisie. Le retable commandé en 1504 par Philippe Ier le Beau fut, pour autant qu'on soit informé, une exception. Un triptyque* était en réalité une requête que le bourgeois estimait devoir adresser soit au bon Dieu, soit à un ou plusieurs patrons pour plaider sa cause et celle de sa famille au moment suprême, à savoir le Jugement dernier. Il lui fallait étaler les preuves de sa piété, de ses vertus, de sa générosité et de son repentir. (Le caractère social d'un tel sujet se prête pour ainsi dire inévitablement à un commentaire de tendance marxiste.) En feuilletant le *Narrenschiff (La Nef des fous)* de Sebastian Brant, un livre très répandu à l'époque de Bosch (et édité en moyen-néerlandais en 1500), on apprend que les servantes ne devaient surtout pas manger à leur faim, car « un chien bien nourri préfère dormir que d'aboyer ». Et dans la *Schone Historie gehyeten Sydrac,* publiée à Leyde en 1495, on lit que le pauvre jouissait beaucoup plus de son indigence qu'un riche de

La Tentation de saint Antoine (détail du volet gauche). Huile sur bois. Lisbonne, Museu de Arte Antiga.

Le Jardin des délices (détail du volet droit). Huile sur bois. Madrid, Museo Nacional del Prado.

Le Jardin des délices (détail du panneau central). Huile sur bois. Madrid, Museo Nacional del Prado.

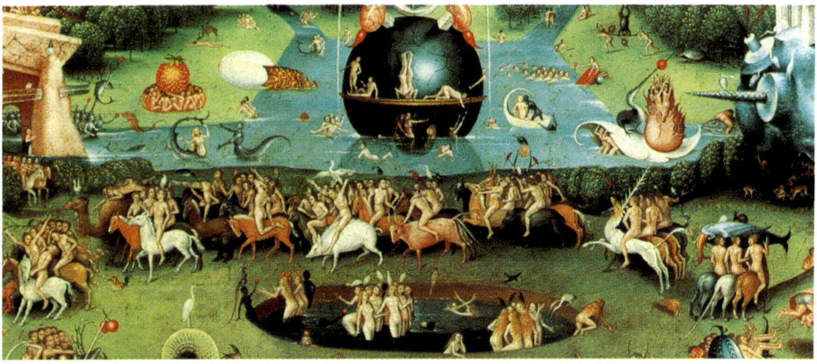

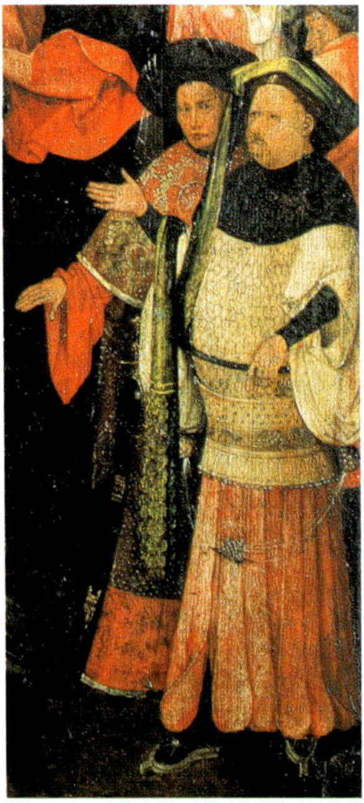

Le Triptyque de la martyre crucifiée (détail du panneau central). Huile sur bois. Venise, Palazzo Ducale.

sa richesse, et qu'il pouvait vivre sa pauvreté *vredelic,* c'est-à-dire « paisiblement ».
Les gitans apparurent en Occident pendant le premier quart du XVᵉ siècle. Ils étaient différents, donc mal reçus. À Angers, on les traita de larrons, mauvais garçons, trompeurs et abuseurs de gens, on dit qu'ils ne vivaient que de larcins. Avant 1510, donc encore du vivant de Bosch, le pouvoir prit des mesures oppressives contre les gitans en Suisse, en Allemagne, en Espagne, en France et aux Pays-Bas*. L'édit de Charles Quint (1537) fut particulièrement sévère. Remarquons que dans les textes du Brabant et de Flandre, les gitans sont souvent appelés des *heiden,* c'est-à-dire des païens. Ainsi, la question de posséder ou de ne pas posséder n'était pas la seule source des conflits sociaux. Au demeurant, il n'y avait pas que les gitans qui servaient de repoussoir à la société bien-pensante.
Que le bourgeois était confit dans sa suffisance, cela va de soi, mais ce n'est qu'à la lumière anachronique d'une lanterne néomarxiste qu'il a parfois pu être décelé chez Bosch une idéologie non-religieuse. Le peintre et ses clients étaient pourtant des croyants.

Bruegel l'Ancien (Pieter)

Plusieurs lieux revendiquent l'honneur de la naissance de ce peintre : Breugel (au-dessus d'Eindhoven), Brogel et Bree (en Belgique). Récemment, on a suggéré qu'il serait peut-être né à Anvers. De toute façon, il était Brabançon. Les monographies situent sa naissance au milieu des années 1520, et une peinture commémorative exécutée en 1626 par son fils aîné, Pieter II (le Jeune), semble indiquer qu'il est né en 1526. Il fut enterré à Bruxelles en 1569, donc vraisemblablement à l'âge de 43 ans.
Au moment où Pieter Bruegel vit le jour, Jérôme Bosch était mort depuis dix ans. On ignore comment il s'est familiarisé avec l'œuvre du maître de Bois-le-Duc, mais une série de dessins (destinés à l'impression de gravures au burin), ainsi que son tableau *La Chute des anges rebelles* (Bruxelles) le désignent clairement comme le fils spirituel de Bosch.
Les deux artistes avaient en commun le génie de la peinture, la foi chrétienne et la vocation de juger le comportement humain. Ils étaient moralistes, à l'instar d'Érasme.
Est-il besoin de dire que dans l'enceinte de leur appartenance spirituelle apparaissent aussi leurs divergences ? L'érudit Érasme s'adressait de préférence

aux érudits. L'œuvre de Bosch est essentiellement une production de triptyques destinés au culte (privé ou communautaire). Pour autant qu'on sache, Bruegel n'a jamais reçu de commande de retable. En 1550-1551, son nom fut associé aux volets d'un triptyque* (disparu), dont l'intérieur était exécuté par Pierre Baltens.

Il est clair que les peintures de Bosch et de Bruegel avaient des fonctions* bien distinctes.

Chardon

En 1507, un théologien brabançon, prêchant pour un auditoire de carmélites dans un style alambiqué, tint des propos truffés d'exemples empruntés à l'observation (peu scientifique) du naturaliste.

À l'intention de la nonne qui venait de prononcer ses vœux, il disait : « Tu ne chercheras pas ton plaisir comme le frelon qui se pose sur la fleur des orties ou sur celle du chardon. » La première de ces fleurs est qualifiée de « chaude » et comparée au péché charnel ; la seconde incarne le désir des biens terrestres, qualifiés d'éphémères et de périssables. La personne qui touche le chardon se fait piquer, phénomène que le prédicateur associait curieusement à la cupidité. En outre, le chardon est une nourriture pour l'âne, ce qui implique l'impureté.

Sur le panneau central du prétendu *Jardin des délices* (Madrid), Jérôme Bosch a peint un chardon, visité non par un frelon mais par un papillon. On trouve une scène similaire dans le célèbre *Bréviaire Grimani* (Venise, bibliothèque Saint-Marc). Signalons également un détail d'une scène qui est représentée sur le panneau central de *La Tentation de saint Antoine* (Lisbonne) : la tête de l'étrange chevalier ailé chevauchant une cruche est remplacée par un chardon. Une explication fiable fait défaut.

La Tentation de saint Antoine (détail du panneau central). Huile sur bois. Lisbonne, Museu de Arte Antiga.

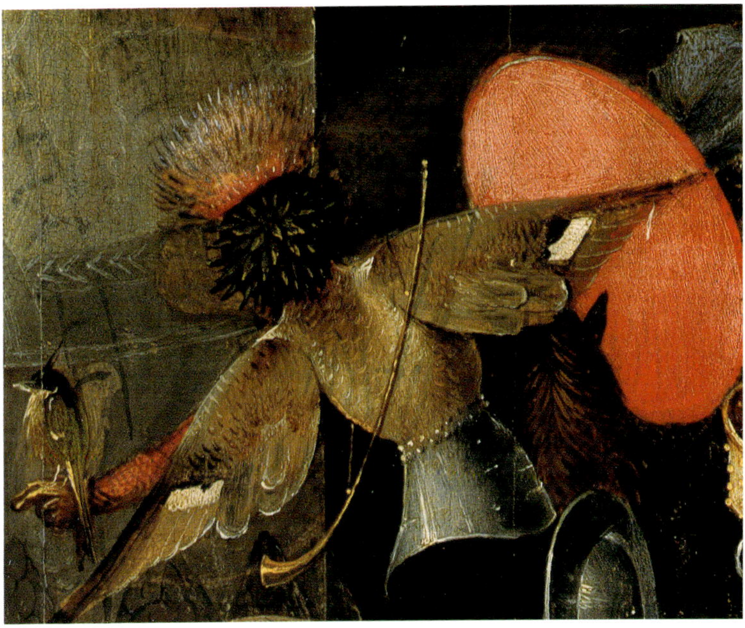

■ CLERGÉ

Au Moyen Âge et encore longtemps après, l'Église occupait dans la société (occidentale) un rang hiérarchique supérieur à celui du pouvoir laïc. Le pouvoir temporel étant investi par Dieu, les empereurs et les rois étaient consacrés.

Si l'Église avait un rôle essentiellement spirituel, les préoccupations du monde étaient aussi les siennes. Ne parlait-on pas de princes de l'Église? En 1526, dix ans après la mort de Jérôme Bosch, la ville où il vécut, Bois-le-Duc, comptait 930 religieux et 160 béguines, ce qui représentait une personne sur 18 à 19 habitants. Parmi les privilèges locaux du clergé, figurait par exemple l'exemption d'accises sur le vin et la bière. Précisément à ce sujet, les chanoines de l'église Saint-Jean eurent, en 1516-1517, un sérieux conflit avec l'administration communale qui les accusa d'abus. Les pièces d'archives et les chroniques de l'époque indiquent, comme consommation annuelle du clergé de Bois-le-Duc, 40 chais de vin et 1 200 fûts de bière.

Bosch a présenté des prélats, des religieux et des religieuses, notamment sur *Le Chariot de foin* (Madrid) et le prétendu *Jardin des délices* (Madrid), mais jamais avec beaucoup de respect. D'aucuns estiment que ces scènes trahissent une hostilité envers les moines et les nonnes, une raillerie qui aurait été inspirée par des sympathies de Bosch à l'égard de la Réforme, qui était proche. C'est une hypothèse qui, comme toute hypothèse, demande à être vérifiée. Ceci dit, Bosch ne fut pas le premier à jeter un évêque dans la fournaise de l'enfer*.

Dans son *Miroir historial* (1495), Vincent de Beauvais estime que l'évêque « doit doncques estre tel que ceux qui mesdient de religion ne puissent, ni n'osent blasmer sa vie [...]. Cellui qui reçoit office de prelat doit reluire en clarté de bonne vie. » Or, ce même auteur dénonça « les douze abusions du cloistre », parmi lesquelles la négligence des prélats, l'orgueil vestimentaire des moines, la convoitise des prêtres, leur fornication et leur cupidité. La simonie – dans l'acception la plus large du terme, la vente de biens de l'Église – était une pratique très répandue, à tel point qu'en 1520, peu après la mort de Bosch, un mandement fut publié pour endiguer cette corruption spécifique.

En effet, « autre chose est d'estre religieux & autre chose est de vivre religieusement ». On avouait que « le dyable tempte les prestres comme les aultres ». En feuilletant les textes imprimés (en allemand, moyen-néerlandais et français) pendant la vie de Bosch, on trouve une multitude de passages qui visaient la hiérarchie tout entière du clergé : ce n'étaient que coups de boutoir et éreintages. Dans un ouvrage publié en latin*, allemand, moyen-néerlandais et français (Lyon, 1494), Jacques de Theramo accuse les ecclésiastiques de « courir les bordels et de nourrir les putes, de forniquer comme des mûles », de vivre dans la pourriture de la luxure « comme une jument dans son crottin », alors que le matin ils ont consacré le saint sacrement.

Et bien sûr, le peuple participait à cette goguenardise : « Seigneur! Quelle vie que celle de la prêtraille! Chanoines qui râclent le monde comme femme* râclant ses casserolles. Ne sommes-nous pas leurs ouailles? »

Cette même critique avait déjà été formulée à plusieurs reprises dans les ouvrages du mystique brabançon Johannes van Ruusbroec (1293-1381). Ne dit-il pas que les ecclésiastiques préféraient la laine aux moutons? L'allégorie devint un lieu commun, que l'on retrouve par exemple dans un traité du théologien Godschalc Rosemondt, publié à Anvers en 1517.

Rappelons en outre les commentaires caustiques d'Érasme (1469-1536), qui était fils naturel d'un prêtre. Ainsi, de Ruusbroec à Érasme, en passant par Denis le Chartreux, Thomas Kempis et tant d'autres auteurs, le clergé fut sévèrement fustigé. Dans son code pénal intitulé *La Somme rurale* (1479), Jean Boutillier écrit : « Item si le clerc vit comme un débauché, un ribaud, un coquin putassier ou un vaurien de bordel, un joueur, un musicien qui chante ou joue d'un instrument dans les tavernes et les cabarets, il n'est pas digne de bénéficier du privilège de la tonsure. » La critique était donc bien fondée.

L'interprétation de cette critique doit tenir compte du contexte historique : à la lecture des images que Bosch ou ses contemporains nous proposent, ce contexte historique a priorité sur nos convictions actuelles en matière de religion*. Au XVIe siècle, lorsque les questions de religion basculèrent dans le drame, le clergé se montra chatouilleux. Sur un *Jugement dernier*, peint par J. Provost en 1525, on voyait une femme nue chevauchant un moine. Jugée scandaleuse et de nature à offenser le clergé, la scène fut surpeinte en 1550 par Pieter Pourbus, sur ordre des édiles de Bruges. Depuis la mort de Bosch, la situation avait en effet évolué. On ne supportait plus les parodies comme celles de l'*episcopus puerorum* (l'évêque des écoliers) ou du pape des ânes, fêtes burlesques qui se tenaient autrefois dans le chœur de l'église.

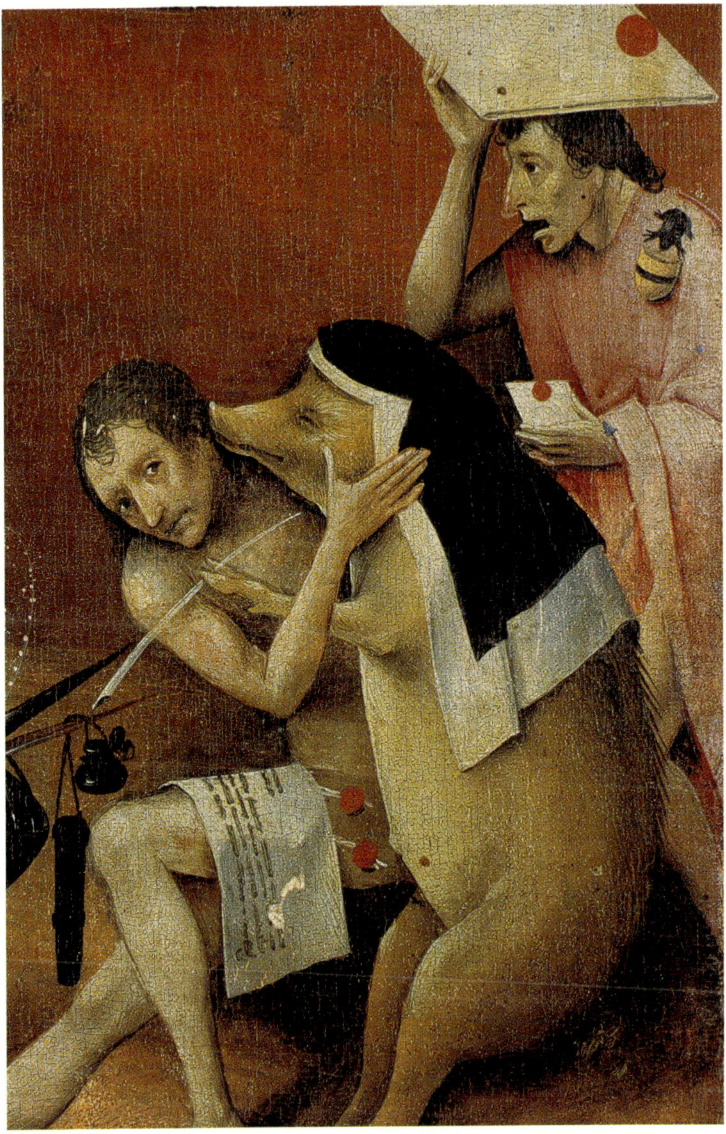

CONFRÉRIE DE NOTRE-DAME

La fondation d'Onze Lieve Vrouwe Broederschap, une confrérie qui existe toujours, remonte à 1318. Son but était essentiellement la dévotion à la Vierge, exprimée non seulement à l'occasion de toutes les fêtes de Notre-Dame, mais aussi par un service hebdomadaire dans une chapelle de l'église Saint-Jean à Bois-le-Duc. Ayant pris véritablement son essor vers la fin du XIVe siècle, la confrérie atteignit son plein épanouissement au XVe siècle. Il y eut des années où on enregistrait mille nouveaux membres.
À côté des membres assermentés – et tonsurés –, il y avait aussi des membres « externes ». Ce dernier groupe s'accrut d'une façon considérable, précisément à l'époque de Jérôme Bosch.
Pendant l'exercice 1486-1487, 353 adhésions furent enregistrées, parmi lesquelles celle de Bosch. Les documents d'archives témoignent de sa participation en tant que membre de la confrérie, avec les obligations sociales qu'une adhésion entraîne. Les membres assermentés – ce qui était le cas de Bosch – étaient pour ainsi dire des frères convers.
Le peintre semble avoir exécuté de menus travaux à la demande de la confrérie. On s'étonne que ses confrères aient apparemment ignoré son génie.
Les obsèques de Jérôme Bosch ont eu lieu le 9 août 1516. Ce jour-là, la confrérie enregistra pour mémoire vingt-sept deniers, qui correspondaient sans doute à peu près aux frais des obsèques pris en charge par les « amis » du défunt. Peu après, le trésorier de la confrérie comptabilisait une recette d'un denier, soit l'excédent des contributions versées par les « amis ».

Page précédente : *Le Jardin des délices* (détail du volet droit). Huile sur bois. Madrid, Museo Nacional del Prado.

Copies

Pour la majorité des visiteurs des musées et des expositions de prestige, un tableau qualifié de « copie » est une œuvre dépréciée. On dit facilement : « Ce n'est qu'une copie. » Or, dans le domaine des maîtres anciens, il existe un certain nombre d'œuvres fort honorables, voire excellentes, qui, selon toute vraisemblance, n'ont pas été exécutées par les peintres célébrissimes auxquels elles sont attribuées.
La production des maîtres anciens nécessitait une main-d'œuvre considérable, ce qui impliquait une collaboration. Or, nous disposons de peu d'informations sur la nature de cette collaboration. C'étaient des ateliers et non des académies, qui, aux XVe et XVIe siècles, assuraient la formation* professionnelle des peintres. Gravures et tableaux (ces derniers souvent plus récents) nous montrent des jeunes gens occupés à broyer les couleurs, mais reconstituer l'organisation du travail, et surtout celle du processus de création, demande une étude laborieuse qui accorde à la conjecture une place importante.
« Copie » est un terme imprécis, souvent inadéquat. Certaines copies sont fidèles, d'autres comportent des variantes significatives, exécutées sous le contrôle du maître, éventuellement corrigées de sa main. Dans ce cas, il vaut mieux parler de « répliques ». Disons qu'une copie est un tableau exécuté d'après une œuvre d'un peintre déterminé, mais sans intervention aucune de ce dernier, éventuellement avec son accord, mais le plus souvent à son insu.
En 1503-1504, la confrérie* de Notre-Dame enregistra une dépense de six deniers, somme payée aux *Jheronimus knechten schildere* pour avoir exécuté trois écussons qui devaient être accrochés « aux piliers métalliques ». Par *knechten*, il faut entendre des apprentis ou des assistants. De ce document, on peut déduire que Jérôme Bosch avait

un atelier et que, dans ce cas précis, ses collaborateurs ont exécuté un travail peu important.

Du triptyque *Le Chariot de foin,* on connaît deux versions, l'une à Madrid, l'autre à l'Escurial ; cette dernière, d'une qualité picturale moindre, est considérée comme une copie. Du retable de *La Tentation de saint Antoine* (Lisbonne), il existe une copie complète (avec des bords supérieurs arrondis et quelques variantes) conservée par les Musées Royaux des Beaux-Arts de Bruxelles. En outre, on a répertorié une demi-douzaine de copies fragmentaires du panneau central.

Les autres œuvres préservées et copiées de Bosch sont : *L'Adoration des mages* (Madrid), dont on connaît plusieurs versions où les donateurs* (Bronchorst-Boschuyse) sont absents ; le prétendu *Jardin des délices* (Madrid) ; *Le Jugement dernier* (Vienne).

Toutes les autres peintures de style boschien sont attribuées à des épigones* ou demeurent anonymes.

Dessins

En ce qui concerne les dessins attribués à Jérôme Bosch – une quarantaine de feuillets –, les certitudes sont encore plus faibles que pour les peintures. Résumons les données :

- Les inscriptions « Jeronimus Bosch, bosch, Jer : bosch, jero : bosch, H. Bosche, Hieronimo Bosch f. » ne peuvent être considérées comme des signatures*. Il s'agit manifestement d'ajouts ultérieurs. En d'autres termes, chaque dessin, sans exception aucune, passant pour être de Bosch ne l'est que par pure attribution.
- Certains dessins sont très différents des autres. Qu'ils aient été exécutés par la même main nous semble peu probable.
- Dans l'ensemble des dessins attribués à Bosch, aucun n'a été conçu comme une œuvre autonome.
- On est trop enclin à voir dans le moindre dessin d'un maître des XVe et XVIe siècles l'esquisse d'un tableau futur. Les deux dessins de Bosch sur papier bleu

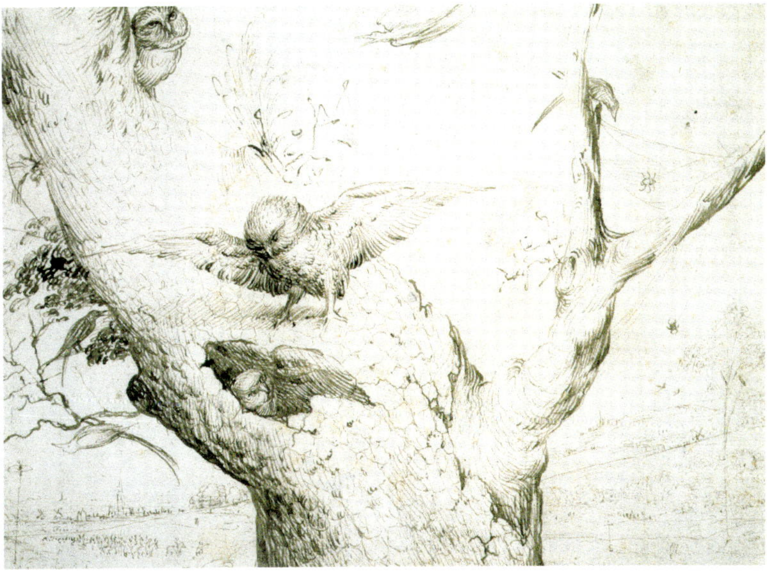

Nid de chouettes. Plume à l'encre brune. Rotterdam, Museum Boijmans Van Beuningen.

(*La Nef des fous* et la *Mort de l'avare*) sont visiblement des copies.

• Enfin, un examen* scientifique des dessins de Bosch s'impose, qui sera sans doute très instructif. Soulignons que l'étude comparative entre les dessins proprement dits et les dessins sous-jacents (dans les peintures) engendre de sérieux problèmes quant à la méthodologie scientifique.

Saint Jérôme.
Huile sur bois.
Gand, musée des Beaux-Arts.

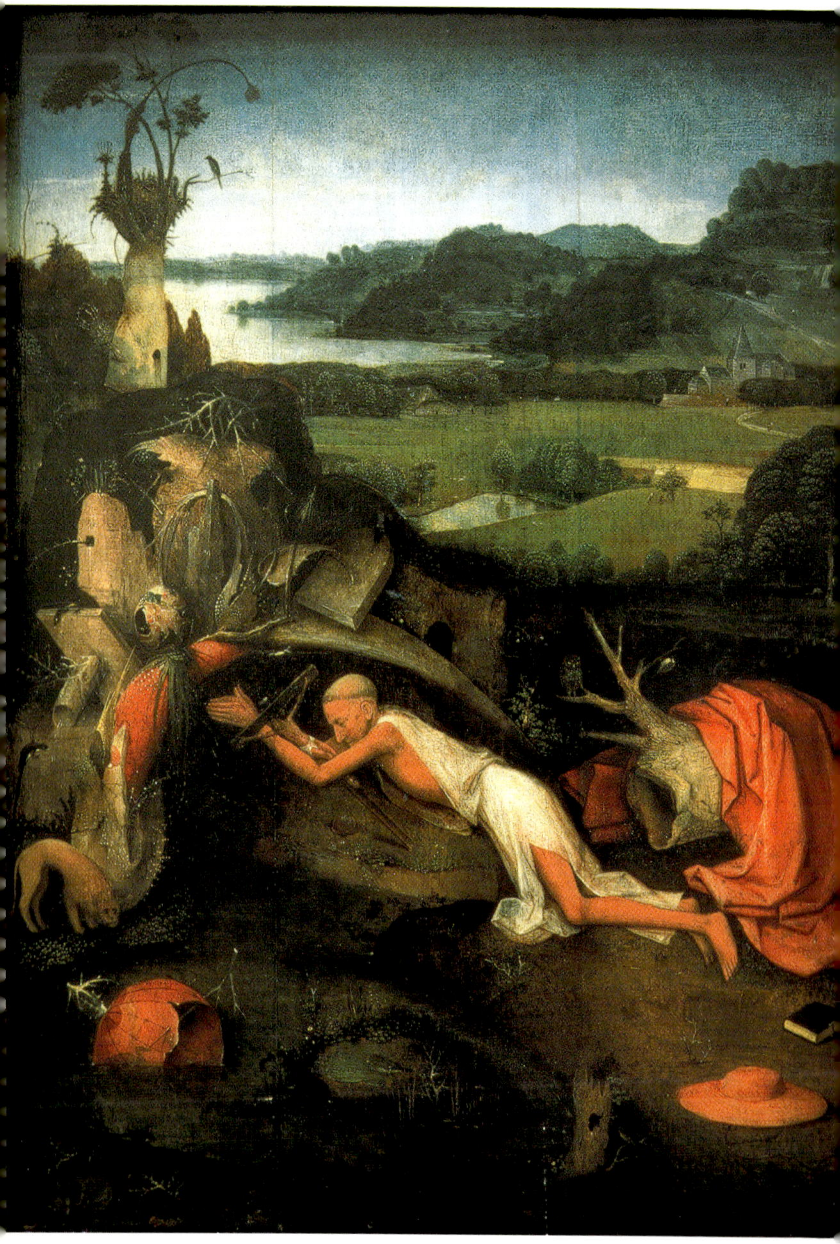

DÉVOTION

Par dévotion, on entend un attachement fervent aux pratiques de la religion*. À présent, la dévotion évoque la bigoterie. La piété fait pitié. Le rationaliste, le positiviste, l'agnostique et l'athée refusent et combattent des attitudes comme, par exemple, le respect dévotieux. L'historien, lui, essaie de comprendre la vénération. En jugeant le passé avec les normes et les convictions de notre époque, on est injuste.

À l'époque de Jérôme Bosch, on disait de l'estropié, victime d'une gangrène des extrémités avec sensation de brûlures au niveau des membres, qu'il souffrait du « mal des ardents », appelé aussi « feu céleste » ou « feu de Saint-Antoine ». En terminologie médicale, il s'agit d'ergotisme. On sait aujourd'hui que le mal était provoqué par la consommation de seigle ergoté, c'est-à-dire attaqué par un micro-organisme vénéneux. Mais autrefois, comme personne ne connaissait la cause du mal, personne ne pouvait y remédier, sauf, croyait-on, saint Antoine, vénéré à Issenheim. Les touristes et amateurs d'art qui, au musée Unterlinden à Colmar, admirent le célèbre *Retable d'Issenheim* de Matthias Grünewald, saisissent-ils la fonction* initiale de ce chef-d'œuvre ?

Il y a cinq siècles, le « richard » aussi bien que celui qui vivait dans l'indigence s'agenouillaient, à l'église ou dans une chapelle, devant les mêmes statues polychromes pour implorer leur guérison ou conjurer sortilèges et démons. C'était là le rôle social de l'art.

Pour tous les maux et tous les malheurs, il y avait un saint ou une sainte à qui l'on pouvait s'adresser. Très populaires étaient les quatorze saints auxiliaires, à savoir, par ordre alphabétique : Acace, Barbe, Blaise, Catherine (d'Alexandrie), Christophe, Cyriaque (de Rome), Denis (de Paris), Érasme, Eustache, Georges, Gilles, Marguerite (d'Antioche), Pantaléon et Vite. Selon les circonstances, certains noms étaient remplacés par Sébastien ou Apolline, par exemple.

Les lieux de pèlerinage, célèbres ou moins connus, étaient innombrables. À côté de Lorette, du Mont-Saint-Michel et de Saint-Jacques-de-Compostelle, il existait des cultes plus restreints. Ainsi, à Bois-le-Duc, était vénérée sainte Ontcommer (appelée aussi Wilgefortis ou Liberata). Bosch a créé un étrange triptyque*, le *Triptyque de la martyre crucifiée* (Venise), représentant cette vierge qui, selon la légende, mourut sur la croix.

Deux œuvres de Bosch ont saint Jérôme (Hieronymus) comme sujet : le panneau *Saint Jérôme* (Gand) et le *Triptyque des ermites* (Venise). Que le peintre y ait été personnellement impliqué, il n'y aurait aucune raison de s'en étonner puisqu'il s'agit de son saint patron. Il faut cependant tenir compte de l'éventualité d'une commande par les Hiéronymites.

Vers la fin du XVe siècle, le Christ, et en particulier sa Passion, occupe une place de choix parmi les dévotions les plus pratiquées. Le phénomène s'explique par un renouveau religieux initié au XIVe siècle par un prédicateur qui vécut aux Pays-Bas* septentrionaux. Il s'appelait Geert Grote (1340-1384). Son enseignement mettait l'accent sur une spiritualité simple, non spéculative, inspirée par la pureté du cœur et l'exemple du Christ. Cette pensée, connue sous le nom de « Devotio moderna », a été diffusée au-delà des Pays-Bas par les Frères et les Sœurs de la Vie Commune, ainsi que par les chanoines réguliers de Windesheim. Mais la diffusion la plus efficace fut par le biais de l'*Imitatio Christi* de Thomas Kempis (1379-1471), un ouvrage qui connut de nombreuses éditions en plusieurs langues.

Aucune indication historique atteste que Bosch ait eu une relation directe avec les Frères et les Sœurs de la Vie Commune.

Diable

Pour Jérôme Bosch et ses contemporains, le diable était une réalité quotidienne, pour ne pas dire permanente. Mourir en ayant sur la conscience un péché mortel non confessé, c'était rater le ciel à tout jamais. Le diable et l'enfer* étaient dans la perspective eschatologique de chaque individu et de toute la société.

Les sermons de Jacques de Voragine ont été publiés en moyen-néerlandais à Zwolle, en 1489. Voici un aperçu de sa vision sur l'activité des diables.

« Le pécheur s'endurcit dans le péché. Rendu muet par l'esprit du mal, il ne sait ni ne désire se confesser, et il ne sait plus adresser la parole à Dieu comme cela se doit. De surcroît, l'esprit du mal frappe le pécheur de cécité ; ainsi, il ne voit plus la lumière de la vérité divine, ni le chemin droit du salut éternel. Étant sourd aussi, il n'entend plus la parole de Dieu ; au demeurant, il se refuse de l'entendre. Mais, une fois les démons chassés, le pécheur retrouve la parole, la vue et l'ouïe. Sachez que les démons qui dominent le monde sont quatre : Lucifer, Asmodée, Mammon et Belzébuth. Lucifer est le prince de l'orgueil. Ceux qui se vantent de leur rang social, de leur beauté physique, de leur pouvoir, de leur connaissance et de leur richesse hériteront de Lucifer les supplices* éternels en enfer. Asmodée règne sur la luxure ; il déteste la pureté, adore l'adultère et la fornication. Ses enfants, ceux et celles qui vivent dans l'adultère et le péché charnel, sont très nombreux ; aussi seront-ils damnés. Mammon [...] règne sur la cupidité. Par ce vice, l'homme préfère à Dieu les biens terrestres ; il ne se soucie guère de la façon de s'enrichir : prêt à usure, vol, ruse ou violence pour enlever aux pauvres le peu qu'ils possèdent. Belzébuth [...] est maître de la colère et de la haine ; il gère la mauvaise volonté et les mauvais désirs. Tous les pécheurs qui ont succombé aux tentations de ces quatre princes du mal seront damnés. »

Dans le *Miroir historial* (1495) de Vincent de Beauvais, on lit un *exemplum* d'un peintre flamand à qui « l'ennemy », c'est-à-dire le diable, est apparu pour lui reprocher de le « pourtrayer en si vilaine forme » :

« le dyable se demonstra de nuyt à ung paintre de flandres en vision en son lit [...] et lui demanda a grant ire pourquoy il le desprisoit ainsi & pourquoi il faisoit le peuple tant rire de lui & le paintre respondit. “Je fais bien car tu as esté tousiours esmouveur de tous les maulx que j'ay fais. Et encore t'efforces-tu de plus mauvaises pensees par tes aguetz par quoy tu puisses amolier & corrompre la fermeté de mon ame & l'ennemy en faignant grandes menaces l'amonnestoit qu'il se cestast de le vilener. Mais icelui en est pour ce plus hardi & est appareille de le faire plus laid que devant.” Après ce vraiement ung iour que celui paingnoit une image de la vierge marie au portail de l'église & lui donna gloire et honneur touste la possibilite de son art si comme il appartenoit de euvrer de diverses couleurs. Mais iouste ce que le prophète dit au serpent “C'est celle qui défoulera ta teste soubz les piez”, il figura le diable soubz les piez de l'ymage de la vierge marie de laides couleurs laid & tenebreux si comme il appartenoit de figurer l'amant de laidure & prince de tenebres.

Laquelle chose icellui ennemy regarda par despit de ses yeulx mauvais & requist a dieu licence de mal faire a icelui paintre. Il l'eut mais ce fut à la honte de lui et a la gloire de iesuchrist & de sa douce mère. »
(Cité d'une édition française de 1531.)
Ainsi le diable apparaissait parci, par-là dans les soties et autres farces. En effet, le peuple riait du diable. Comme l'enfant qui, dans le noir, se met à siffler ou à chanter pour vaincre sa peur.
La véhémence avec laquelle les prêcheurs et les auteurs de traités moralisateurs s'adressaient à leur audience et à leurs lecteurs n'est plus de notre époque. Truffé de sophismes et d'enfantillages, leur langage désuet énerve. Parfois il fait rire aussi. En 1482, un auteur affirma que

Attribué à Jérôme Bosch, *Navire en flammes.* Plume à l'encre brune. Vienne, Akademie der Bildenden Künste.

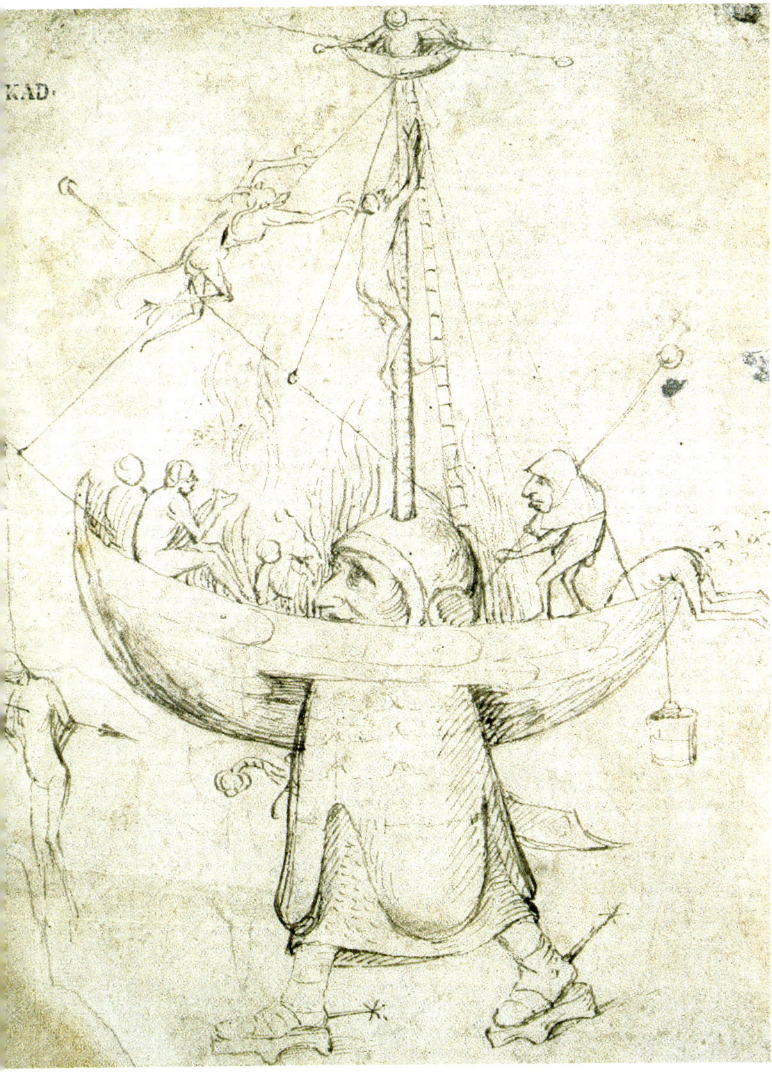

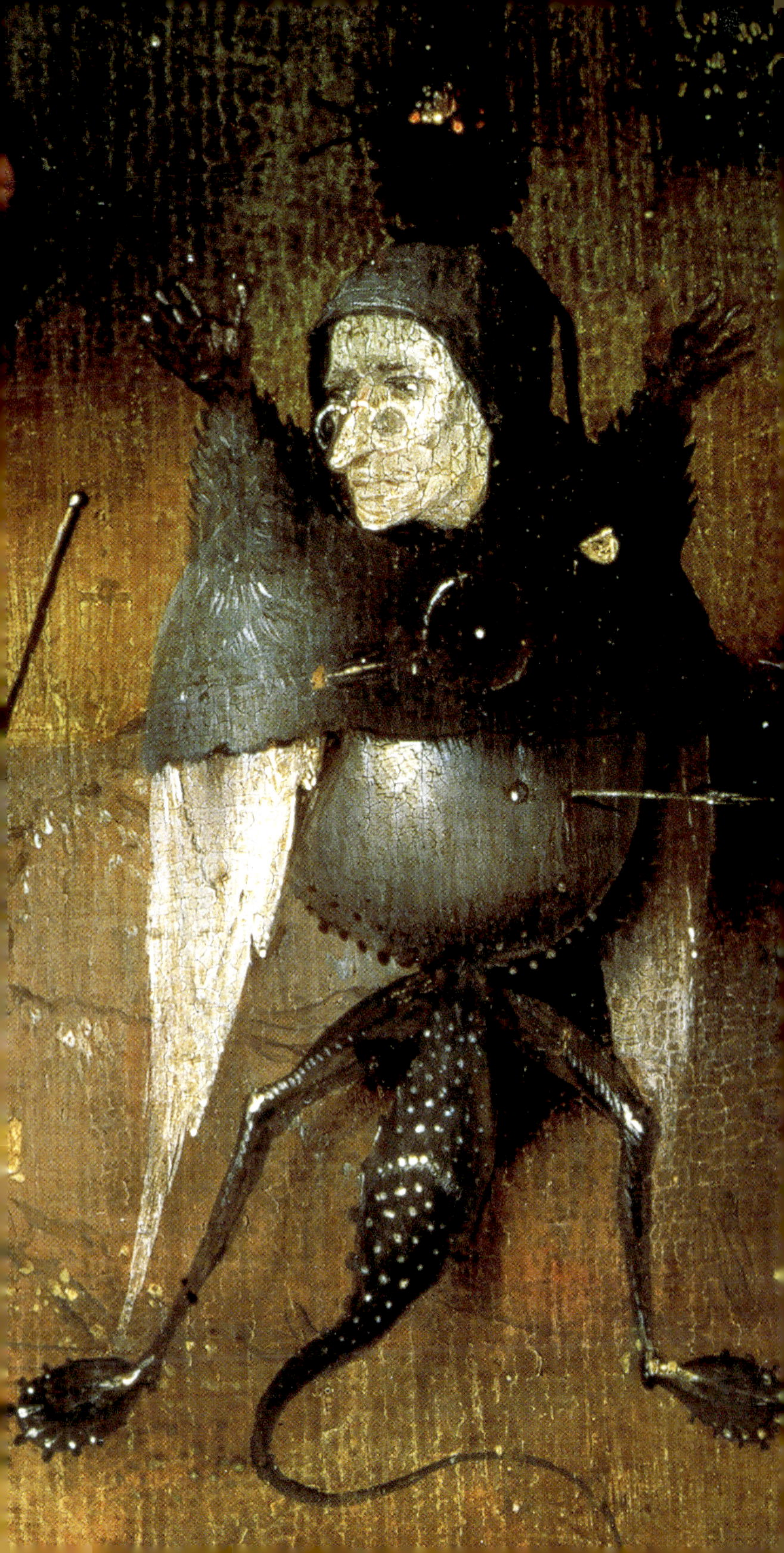

celui qui devrait choisir entre la contemplation de la laideur réelle du diable et l'obligation de sauter dans un four allumé choisirait certainement le feu. Si les prêcheurs et les auteurs de cette époque ennuient aujourd'hui, Jérôme Bosch, lui, fascine toujours.

Divination

À l'époque de Jérôme Bosch, l'appréciation des pratiques divinatoires telles que la chiromancie et l'astrologie* variait entre le refus catégorique, l'hostilité latente ou l'avis mitigé. Ces pratiques étaient tolérées avec beaucoup de réserves, pour ne pas dire une méfiance prononcée. La chiromancie, reconnue comme superstition*, était associée aux tsiganes et à la cupidité. On trouve une séance de chiromancie à l'avant-plan du *Chariot de foin* (Madrid).

Bosch connaissait-il l'oniromancie ? Nombre d'auteurs modernes traitent du monde onirique du peintre. Du point de vue de la psychanalyse*, le sujet est évidemment fort intéressant. En feuilletant le code pénal de Jean Boutillier, *La Somme rurale*, imprimé en 1479, 1483 et 1529, on lit que l'interprétation des rêves comme toute investigation à ce sujet sont jugées contraires aux commandements de Dieu et, par conséquent, interdites sous peine de châtiment corporel. L'accusé est jugé pour un délit de sortilège. Le bourreau lui travaillera la taille *met yseren prymen*, c'est-à-dire avec des poinçons en fer.

Saint Jean à Patmos (détail). Huile sur bois. Berlin, Staatliche Museen zu Berlin, Gemäldegalerie.

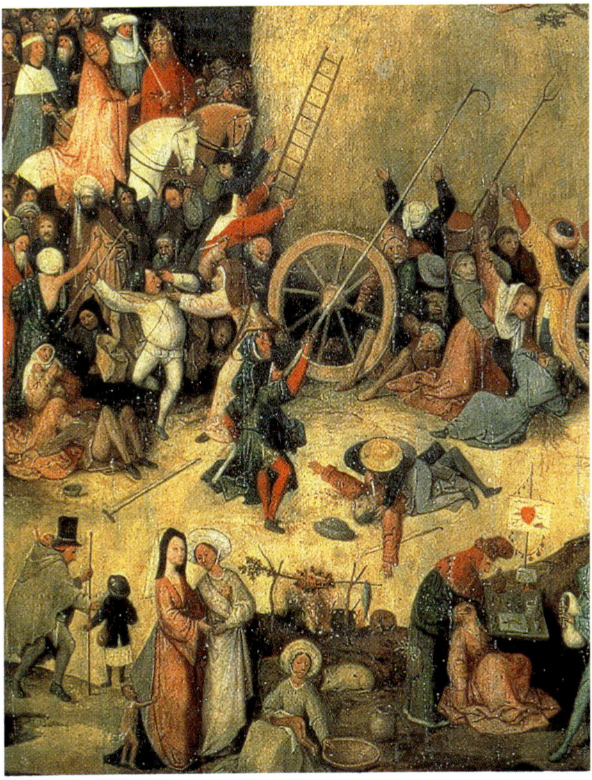

Le Chariot de foin (détail du panneau central). Huile sur bois. Madrid, Museo Nacional del Prado.

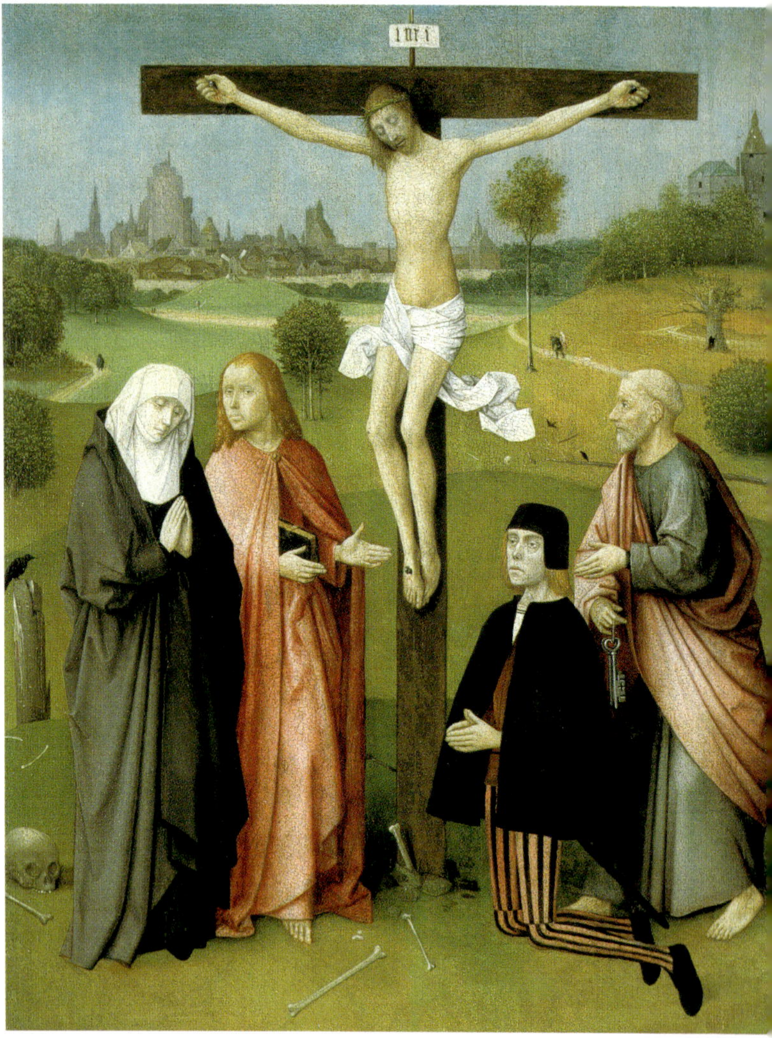

Le Calvaire avec donateur. Huile sur bois. Bruxelles, Musées royaux des Beaux-Arts.

Donateurs

Par donateurs, on entend les personnes qui ont commandé une œuvre à un artiste. L'œuvre en question a toujours une fonction* religieuse, tel un acte de foi ou de dévotion pour un(e) ou plusieurs saint(e)s avec, en perspective, le salut après la mort. Les scènes traitent de Dieu, de la Trinité et du Christ (sa vie, sa Passion et sa Résurrection), mais aussi de l'Ancien et du Nouveau Testament, des Évangiles (y compris les Évangiles apocryphes), des Quatre Fins du monde. En principe, le donateur et son épouse sont « pourtraictés » sur l'œuvre, éventuellement accompagnés de leurs enfants. Aux anciens Pays-Bas*, la production de ce genre de diptyques, triptyques* et autres tableaux est particulièrement riche et variée en chefs-d'œuvre.

Dans l'œuvre de Jérôme Bosch, des donateurs sont présents sur les tableaux suivants :

• *L'Adoration des mages* (triptyque Bronchorst-Bosschuyse, Madrid). Les donateurs sont représentés sur l'extérieur et l'intérieur des volets. Leur identification est contestée, car les armoiries ne seraient pas celles de la famille susmentionnée.

• *Le Triptyque des ermites* (Venise). Les deux donateurs, non identifiés, ont été surpeints.

• *Le Calvaire avec donateur* (Bruxelles). Le donateur n'a pas été identifié.

• l'*Ecce homo avec donateurs* (Francfort). Dans le groupe des donateurs, un dominicain a été effacé, sans doute sur ordre d'un nouveau propriétaire qui n'avait aucun lien avec les donateurs d'origine.

Mais qui était ce donateur – sans doute Jean de son prénom – caché sous l'étrange plante exotique représentée sur le *Saint Jean-Baptiste* (Madrid). Et celui du *Jugement dernier* (Vienne), prévu en dessin sous-jacent mais jamais peint ? Cet homme pieux s'est-il finalement désisté et pourquoi ? Et tous ces gens qui firent oraison, témoignent-ils du caractère profane de leurs retables ?

Double page suivante : *Le Jugement dernier* (détail du panneau central). Huile sur bois. Vienne, Akademie der Bildenden Künste.

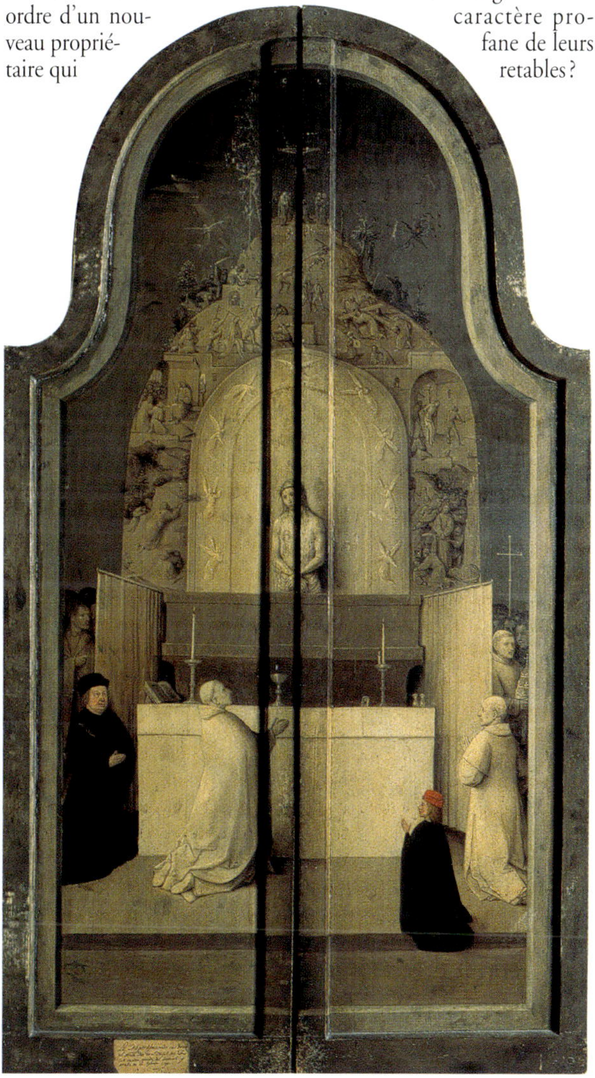

L'Adoration des mages (triptyque fermé). Huile sur bois. Madrid, Museo Nacional del Prado.

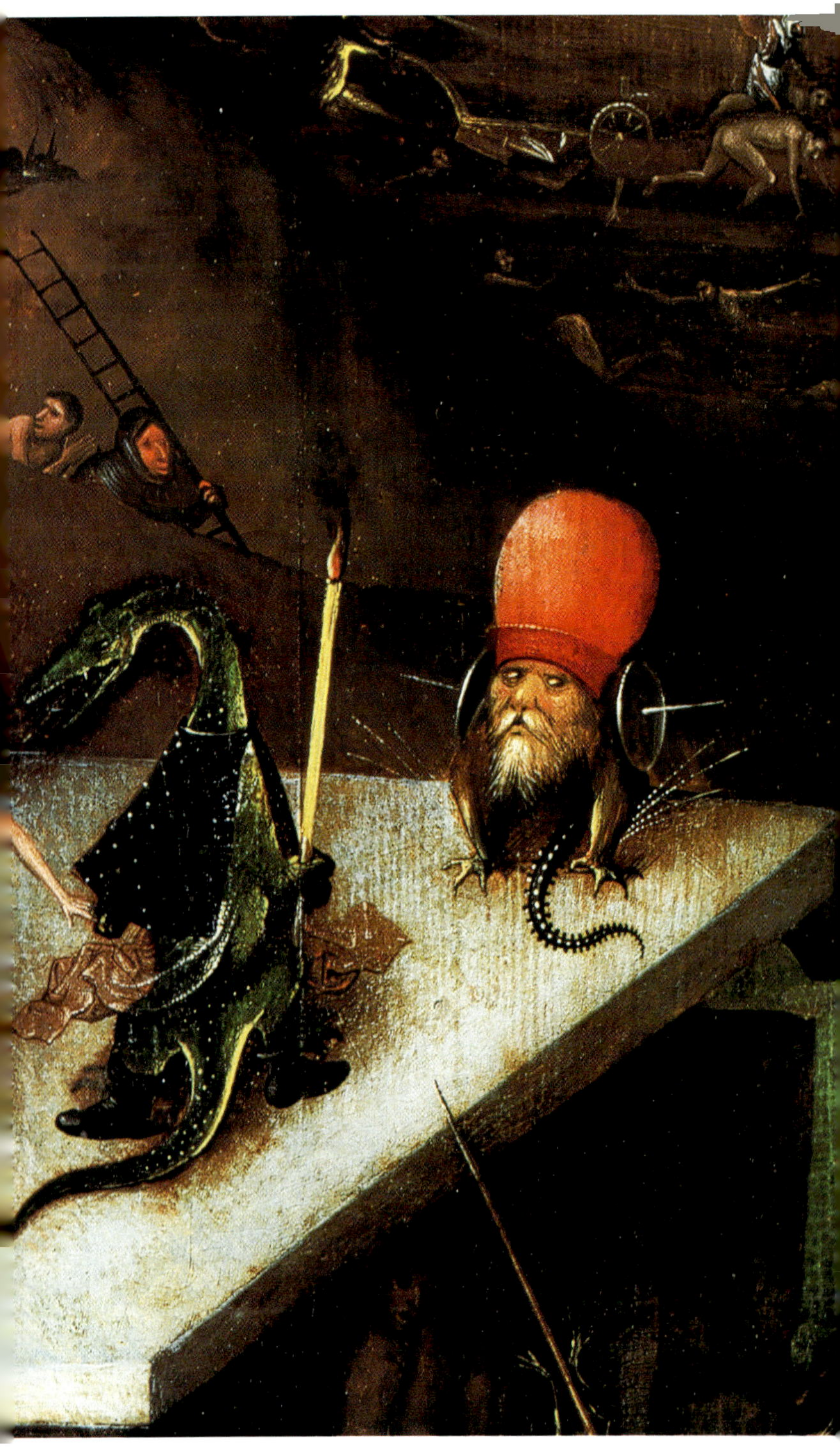

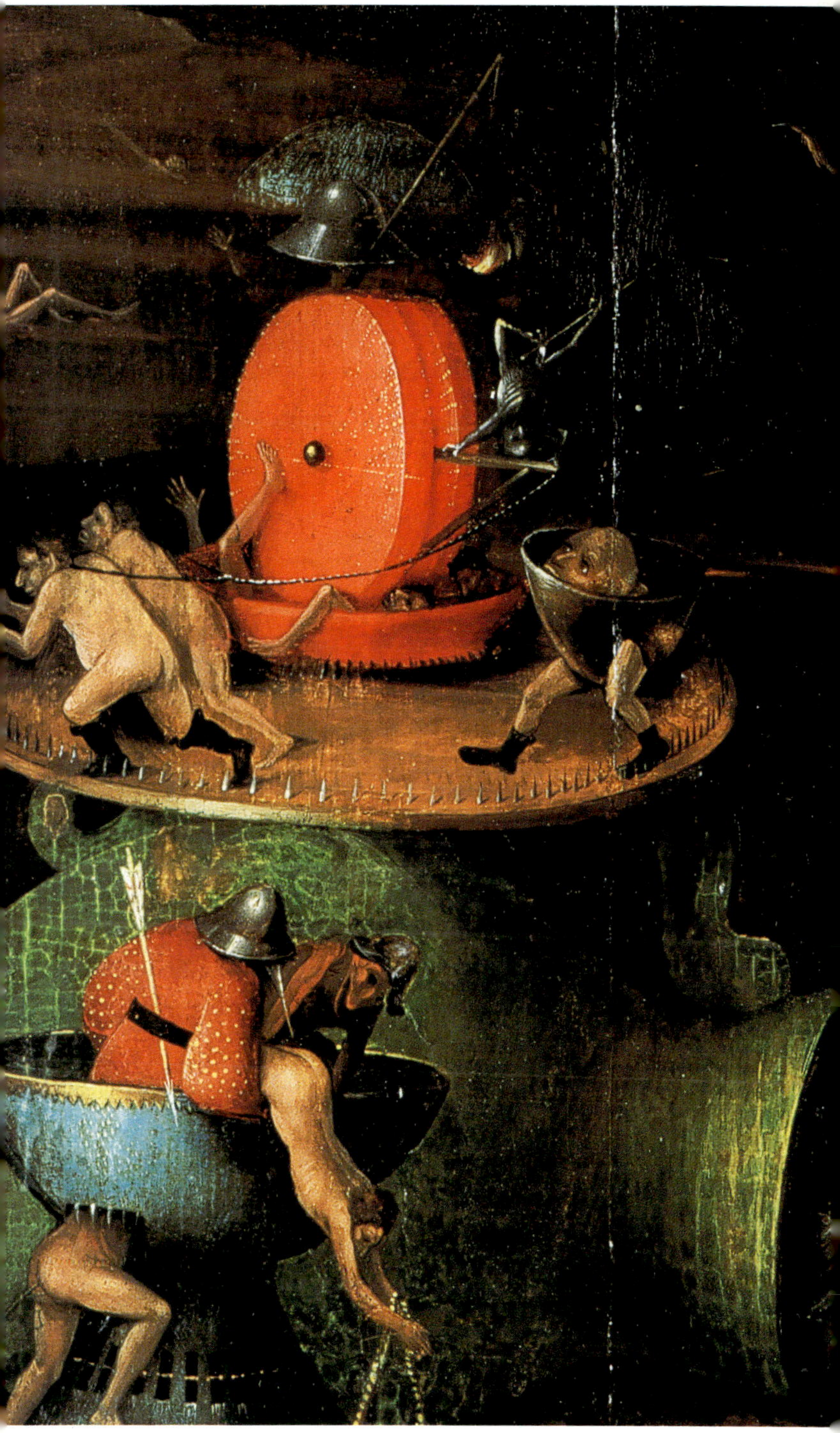

Enfer

Pour les contemporains de Jérôme Bosch, l'enfer était réel au même titre que le diable*. Mais où se trouvait ce lieu des ténèbres ? Les miniaturistes en ont peint l'entrée : une énorme gueule. L'image a été répandue par la xylographie aux XVe et XVIe siècles.

Concernant le Ciel, l'anglais fait une distinction entre *sky* et *heaven*. L'allemand connaît *Firmament* et *Himmel,* mais ce dernier terme a la double acception (ciel et paradis). De même en ce qui concerne le moyen-néerlandais : *firmament* et *hemel, hemmel* ou *himmel.* Quant au français, il faut citer la Genèse : « et Dieu donna au firmament le nom de Ciel ». Bref, le destin ultime se trouve là-haut. On parle d'ailleurs du Paradis* céleste.

Par contre, l'Enfer est associé avec les profondeurs de la Terre. Selon la théologie chrétienne, tout le monde comparaîtra devant Dieu lors du Jugement dernier. Il enverra les élus à sa droite, les damnés à sa gauche. Ce jugement sera sans appel. Soit on restera au Ciel, soit on descendra en Enfer.

Encore aujourd'hui, en Flandre, le langage populaire présente le Ciel comme le lieu où l'on « mangera du riz-au-lait avec des cuillères en argent », image déterminée par le vieux récit du *Pays de Cocagne* et le misérabilisme social du XIXe siècle. De toute façon, la description des délices du Ciel n'a jamais eu beaucoup de succès. L'Enfer est toujours bien plus fascinant.

Selon Jean-Paul Sartre, « l'enfer c'est les autres » *(Huis-clos).* Les contemporains de Bosch auraient-ils compris ce langage existentialiste ? Pour eux, l'enfer était une chambre de torture physique. Les damnés y étaient soumis non seulement à tous les supplices* (effectivement imposés par le droit pénal de l'époque), mais aussi aux traitements les plus répugnants qu'on puisse imaginer. Les tortionnaires étaient des monstres* qui frappaient, cuisaient, transperçaient et gavaient.

Dans un ouvrage qui était sous presse l'année de la mort de Bosch, on lit que les orgueilleux devaient être torturés avec des roues munies de crochets chauffés à blanc, les avares jetés dans du plomb en fusion et les luxurieux dans des puits remplis de soufre en flammes. Le principe général était assez simple : la torture infligée était déterminée par le péché commis. Un autre principe infernal consistait à alterner les supplices : chaleur brûlante et « glace plus froide cent mille fois que la glace matérielle qui est en monde mortel » (1479-1484).

Une jouissance éphémère devait être punie par une souffrance qui, elle, allait perdurer. Mais le châtiment serait équitable : comme le moindre mérite serait récompensé, le moindre péché serait puni (1491).

On sait que Lucifer devait s'occuper des empereurs, rois, princes et autres grands du monde. Mammon prenait soin des magistrats, médecins avares, apothicaires vendant des médicaments périmés et, d'une façon générale des marchands et artisans malhonnêtes. Asmodée avait comme victimes tous ceux et celles qui vivaient dans le péché de luxure, y compris les personnes ayant pratiqué tout ce qui menait à la luxure, à savoir la danse, la musique et la gourmandise. Étaient confiés à Belzébuth les hérétiques, les nécromanciens et les magiciens. Et le cinquième prince des ténèbres n'avait

qu'une seule espèce de damnés à torturer : les ecclésiastiques. Remarquons que cette doctrine de tentation, de péché et de règlement final n'a pas été établie par les contemporains de Bosch. Les prêcheurs et les auteurs des traités moralisateurs se référaient régulièrement à l'enseignement des Saints Pères de l'Église, comme par exemple saint Augustin, saint Jérôme et saint Grégoire.
À présent, le croyant autant que l'agnostique et le non-croyant, tous reconnaissent le caractère sadique de l'enfer décrit en long et en large par les contemporains de Bosch. Nous touchons ici à une série de sujets fort complexes : la religion*, la psychanalyse*, le droit pénal de l'époque, etc. L'image étant plus suggestive que les mots, l'enfer de Bosch – dans toutes les œuvres où il est figuré – est même plus effrayant que celui des moines prédicateurs.

Épigones et suiveurs

Toutes les monographies sur Jérôme Bosch proposent un catalogue raisonné de l'œuvre.

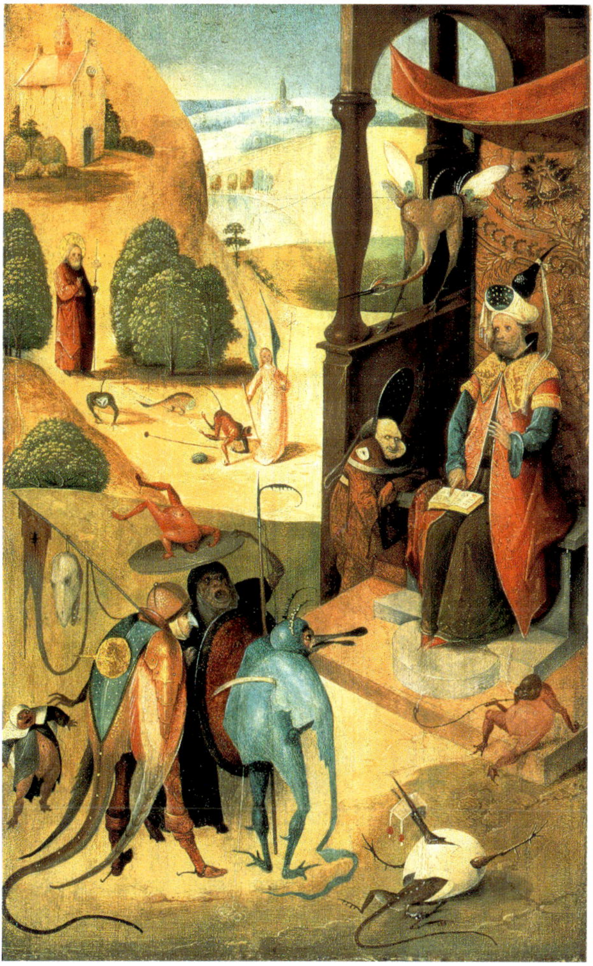

Suiveur de Jérôme Bosch, *Saint Jacques et le magicien Hermogène.* Huile sur bois. Valenciennes, musée des Beaux-Arts.

Celui-ci diffère selon les auteurs. La liste des œuvres est soit précise et fouillée, soit trop indulgente et peu critique. Bien souvent, cette expertise est basée sur des arguments stylistiques, eux-mêmes établis sur des jugements d'autorité. Il est évident que l'examen* scientifique offre des possibilités d'investigation extraordinaires pour distinguer et grouper tout ce qui est de style boschien, mais pas de Bosch. Passant en revue cette production boschienne (consulter à ce sujet l'ouvrage de Gert Unverfehrt), on constate qu'elle accuse une tendance progressive vers les diableries. Après tout, si Bosch n'a pas vraiment fait école, il n'y a aucune raison de s'en étonner. Un discours comme le sien ne se répète guère.
Certes, il y eut Pieter Bruegel* l'Ancien, manifestement son fils spirituel. Mais étant lui-même un grand artiste, par définition, il n'a rien d'un épigone.

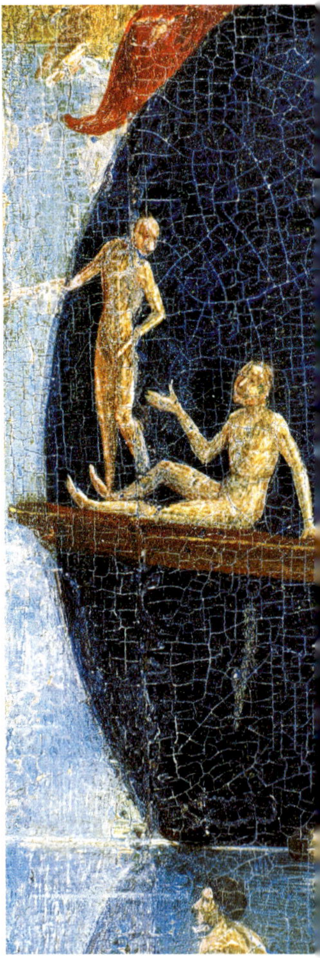

Le Jardin des délices (détail du panneau central). Huile sur bois. Madrid, Museo Nacional del Prado.

Érotisme

Le langage licencieux est de partout et de tous les temps. En parcourant des textes qui datent des XVe et XVIe siècles, on peut glaner une multitude de passages équivoques ou franchement scabreux.
Dans les heures canoniales imprimées à Utrecht en 1479, on trouve un thème de méditation formulé en ces termes : « Comment de la verge de Joseph une colombe blanche s'est envolée vers le ciel, ce qui incita Joseph à épouser Marie. »
De l'ouvrage *Vitas patrum,* publié à Nuremberg en 1483, une version française fut imprimée à Paris trois ans plus tard. Dans le chapitre sur saint Amon, on lit : « Luy estant couchie avecques elle la première nuyt de leurs nopces, il luy fist plusieurs belles exortations en l'excitant à la noble vertu de virginité [...] demourons entiers sans nous charnellement entretouchier [...] elle s'y consentit facilement. » L'avis du psychanalyste au sujet de l'excitation à la noble vertu de la virginité serait ici le bienvenu. Selon un récit édifiant, imprimé à Delft au début du XVIe siècle, Jésus aurait enlevé une pucelle païenne, fille d'un sultan ! Et dire que la préparation des noces avec le Seigneur était un thème courant des homélies destinées aux

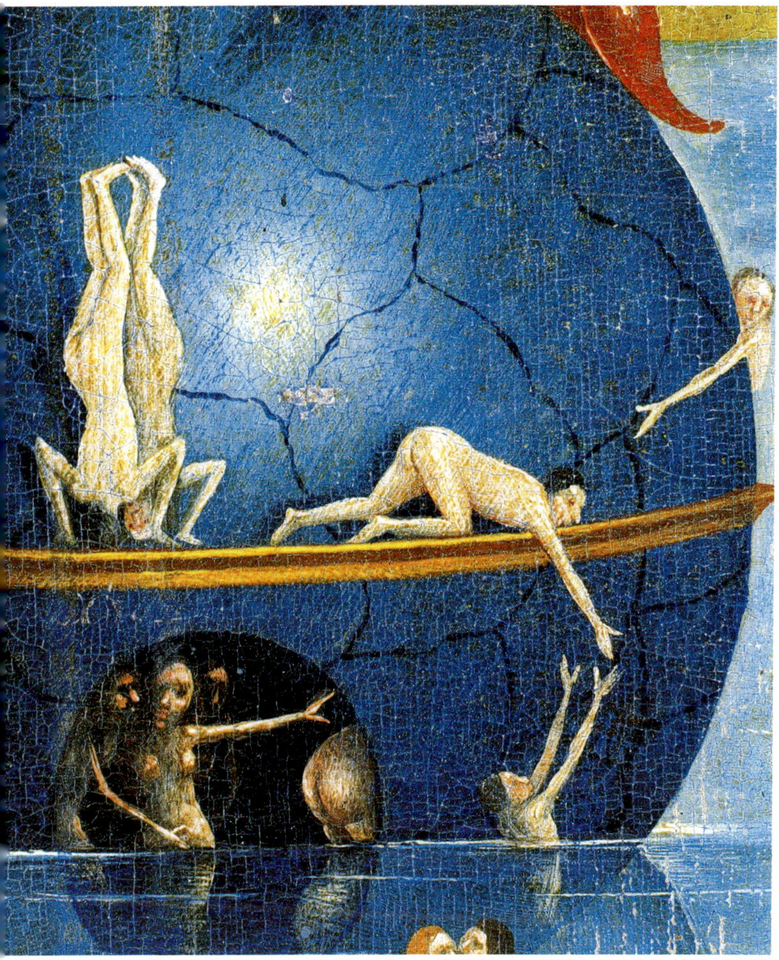

religieuses. Le prédicateur Jan Brugman, très populaire dans les Pays-Bas* septentrionaux au XVIe siècle, s'exprimait plutôt crûment devant un auditoire de nonnes : « Chaque soir vous vous couchez avec Jésus. Dès lors pourquoi vouloir plaire à un débauché ? Je vous le dis : le jour où Jésus constate qu'un autre a pris sa place, il vous quittera sur le champ », car Jésus veut réserver « la couchette dans votre cœur à son seul plaisir ». À l'instar de Salomon, notre Seigneur avait non seulement « une petite négresse comme amie, mais aussi une brunette et encore de nombreuses brunettes » ; par la petite négresse et la brunette, il fallait entendre respectivement la nature humaine et la Sainte Église, alors que les nombreuses brunettes figuraient les « âmes croyantes ».

Il a été avancé que le soi-disant *Jardin des délices* (Madrid) était une œuvre profane, à caractère franchement sexuel. Jérôme Bosch, lui, parle du péché. C'est là toute la différence et tout le malentendu.

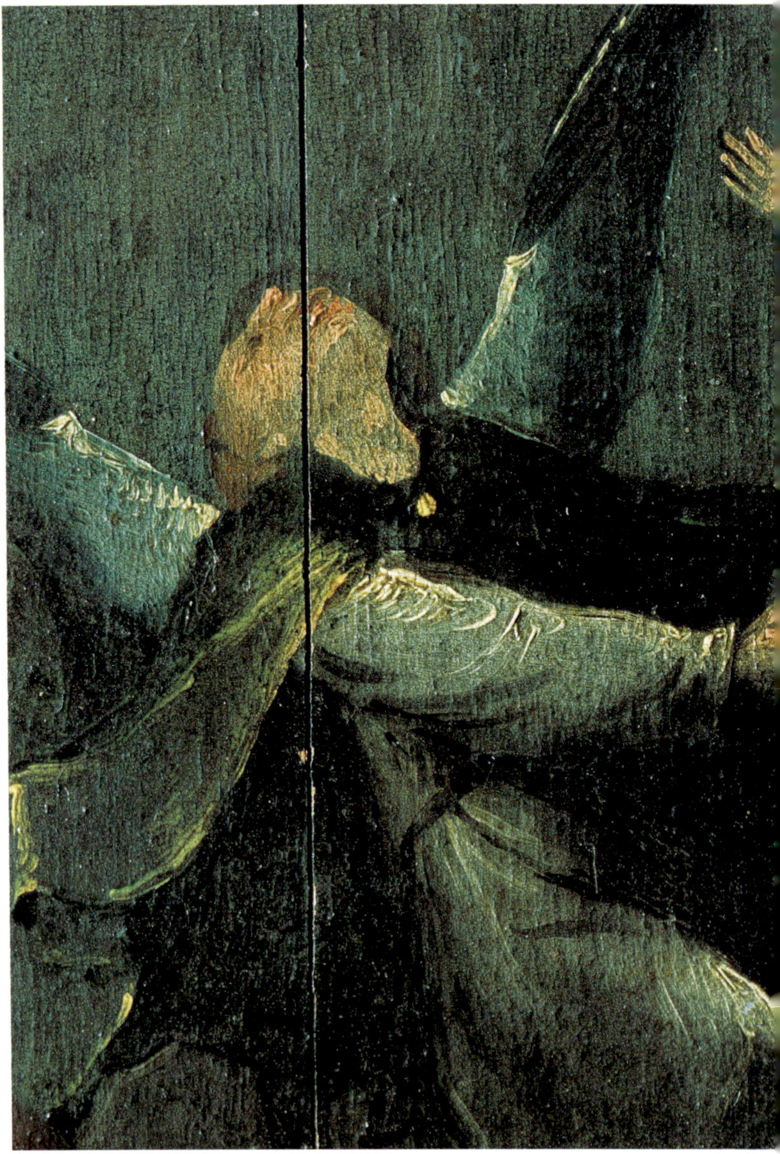

L'Ascension des bienheureux (détail).
Huile sur bois.
Venise, Palazzo Ducale.

Eschatologie

Par eschatologie, on entend la vision sur le destin de l'Homme après la mort ; il s'agit donc d'une perspective sur l'au-delà. À l'époque de Jérôme Bosch, l'eschatologie de toute l'Europe était celle du christianisme et, en Europe occidentale plus spécifiquement, celle de l'Église catholique de Rome. Après avoir étudié la cohérence de l'œuvre tout entier de Bosch, on en arrive à la conclusion que la clé de la compréhension du message du peintre se trouve dans l'eschatologie de la foi qui était la sienne : pour lui, le

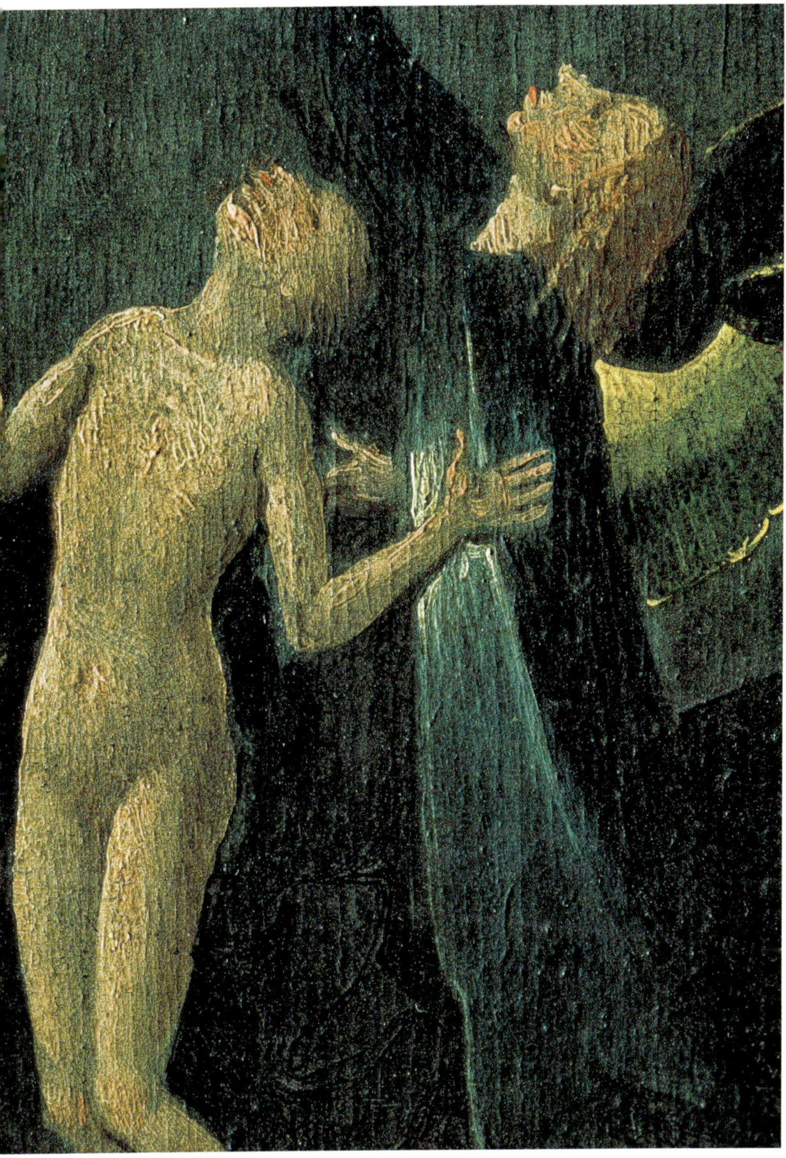

destin de l'Homme se situait dans l'au-delà.
Quatre triptyques de Bosch montrent un enfer*, dont la présence est difficilement explicable si l'on considère ces retables comme des œuvres profanes. Neuf autres de ses tableaux traitent de la Vie et de la Passion du Christ, Fils de Dieu et Rédempteur pour l'humanité. Les ermites et les saints y sont vénérés pour leur vie exemplaire, et les péchés capitaux punis après la mort.
Bosch aurait-il peint des sujets qui n'avaient rien à voir avec l'eschatologie chrétienne ?

EXAMEN SCIENTIFIQUE

Le catalogue raisonné de l'œuvre de Jérôme Bosch varie selon les auteurs. Pendant longtemps, les attributions, les radiations, ainsi que la chronologie de l'œuvre étaient, dans la majeure partie des cas, établies sur la base d'arguments stylistiques. En 1936, une exposition consacrée aux peintres des Pays-Bas* septentrionaux, organisée par le musée Boymans à Rotterdam, présentait dix-huit tableaux comme œuvres authentiques de Bosch ; à présent, sept numéros de cet ensemble sont attribués à des épigones* ou suiveurs.

De nos jours, l'approche scientifique des tableaux de Bosch nécessite le *minimum* d'investigation que voici.

Examen de laboratoire

• Étude du support : identification du bois, structure des panneaux, interventions ultérieures et reconstitution (théorique) de l'état initial.

• Étude de l'encadrement (d'origine ou non).

• Identification de l'enduit de préparation.

• Étude approfondie et comparative de la première ébauche de la composition (le « dessin sous-jacent ») au moyen de la réflectographie à infrarouges.

• Étude approfondie de la couche picturale par le biais de l'examen au binoculaire et de la macrophotographie : structure (stratification), changements de composition ou repentirs, particularités de l'exécution. (D'autres examens complémentaires peuvent ensuite être effectués, comme par exemple l'identification des pigments et du liant.)

• Radiographie (digitale) complète des structures techniques (support et exécution picturale).

• Étude approfondie de l'état de conservation actuel et des conséquences liées aux interventions antérieures.

Examen non matériel

Il s'agit de convoquer toutes les méthodes de l'histoire de l'art afin de reconstituer d'une façon justifiée l'*entité initiale* de l'objet étudié, c'est-à-dire sa forme et son contenu ; il faut ensuite le situer dans le contexte de l'œuvre tout entier du maître. Des investigations techniques récentes ont fourni des données très intéressantes :

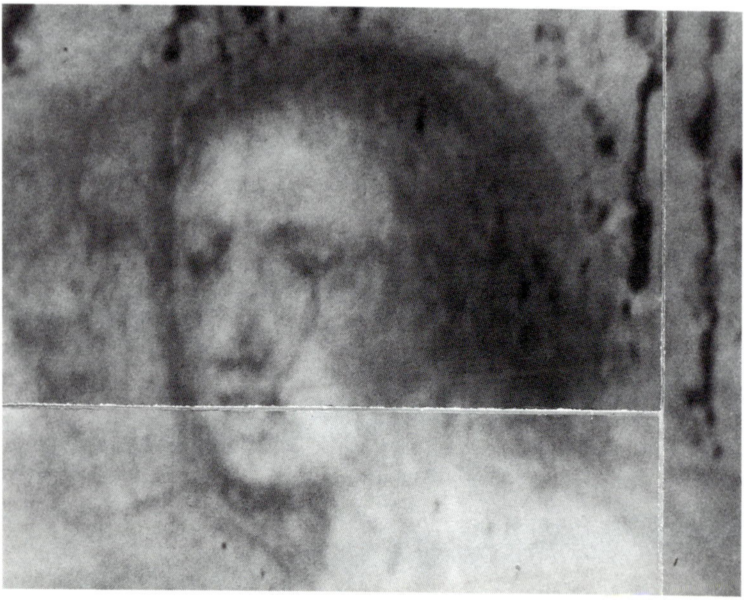

certains tableaux, considérés jusqu'il y a peu comme authentiques, semblent avoir été peints après la mort du peintre. Voici quelques notes en marge de ces résultats.

Menuiserie du support : l'espèce de bois du support des *Sept Péchés capitaux* (Madrid) n'a pas été identifiée, mais on sait que ce n'est pas du chêne. En outre, l'assemblage porte des caractéristiques qui ne s'accordent guère avec la tradition artisanale des anciens Pays-Bas. Il en résulte que l'attribution de ce tableau – considéré à tort comme le dessus d'une table – doit être réexaminée.

Dendrochronologie : la méthode étudie le nombre et le rythme des anneaux de croissance du bois (de chêne). Elle établit approximativement l'année de l'abattage de l'arbre dans lequel les panneaux ont été débités. Les éléments (planches) de quelques tableaux, tel *Le Couronnement d'épines* (Escurial), s'avèrent trop jeunes pour justifier l'attribution de l'œuvre à Bosch. La concordance des anneaux de croissance a démontré l'analogie matérielle de certains panneaux dispersés. D'une part, *La Nef des fous* (Paris), le fragment intitulé *Allégorie des plaisirs,* conservé à New Haven (États-Unis) et la *Mort d'un avare* (Washington) s'avèrent être les volets intérieurs d'un triptyque* démantelé dont le panneau de Rotterdam, qu'on nomma par erreur *Le Fils prodigue,* serait la scène extérieure. Mais on ne sait toujours rien de la partie centrale. D'autre part, le *Saint Jean-Baptiste* (Madrid) et le *Saint Jean à Patmos* (Berlin) pourraient être les volets d'un triptyque, dont la partie centrale reste inconnue.

En 1464, le père de Jérôme Bosch a dû rembourser les trois quarts d'arrhes qu'il avait perçues pour deux panneaux non exécutés. Ces deux panneaux furent relégués au-dessus des voûtes de l'église Saint-Jean, avant d'être rachetés quinze ans plus tard par Jérôme.

Tout ceci fournit la preuve que les données dendrochronologiques doivent être interprétées avec beaucoup de précautions quand on les utilise en tant que référence pour dater une œuvre. Soulignons que l'application de cette méthode fonctionne de plus en plus telle une guillotine et que la vérification des données – principe scientifique par excellence – reste extrêmement difficile, voire quasi impossible. Peter Klein, autorité en la matière, affirme que « la date de l'abattage de l'arbre et la durée de l'emmagasinage du bois doivent être entendues comme points de repère et non comme des faits irréfutables ».

Réflectographie à infrarouges : cette méthode, qui utilise une caméra de télévision adaptée, permet de révéler la première ébauche appliquée sur la couche de préparation. Ce dessin, communément appelé « dessin sous-jacent », est considéré comme le moment décisif du processus créateur.

Depuis quelque temps déjà, on s'étonne de la variété stylistique des dessins sous-jacents révélés (ou visibles à l'œil nu) sur les panneaux de Jérôme Bosch. Au lieu de trancher les questions d'attribution, ils ont compliqué le problème. L'étude technique des œuvres résout quelques questions en suspens, mais révèle simultanément une multitude de problèmes insoupçonnés.

Ainsi, les méthodes d'examen en laboratoire fournissent des résultats objectifs, souvent désignés comme des données « dures » par rapport au verbiage spéculatif et vaporeux. On oublie assez souvent que les résultats objectifs doivent néanmoins être interprétés. Disons que l'expertise scientifique commence au moment où le laboratoire a rendu son rapport.

Détail du dessin sous-jacent du médaillon inférieur au revers du panneau du *Déluge,* réflectographie à l'infrarouge. Rotterdam, Museum Boijmans Van Beuningen.

Double page suivante : *Les Sept Péchés capitaux et les Quatre Fins dernières.* Huile sur bois. Madrid, Museo Nacional del Prado.

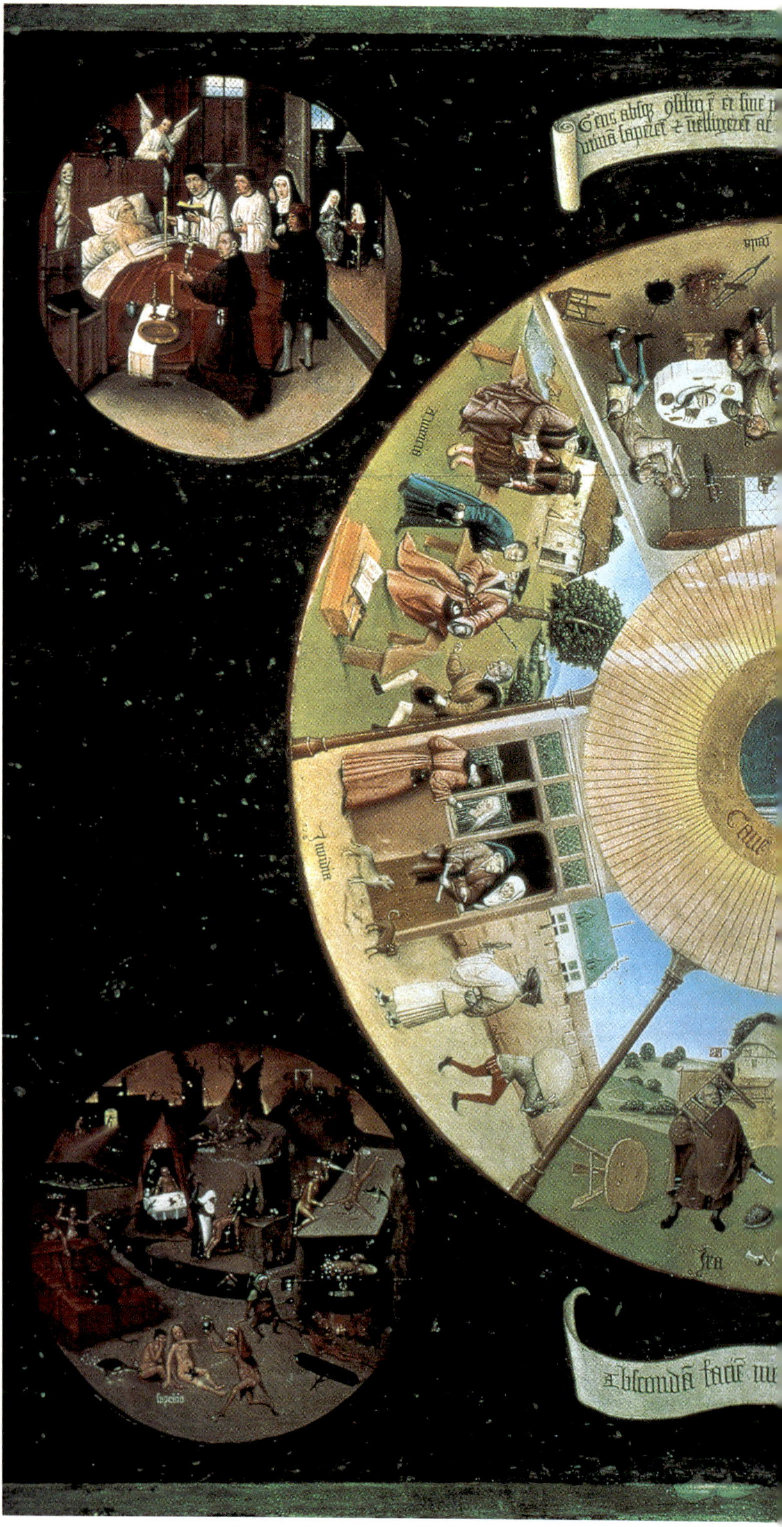

Invidia
Ira

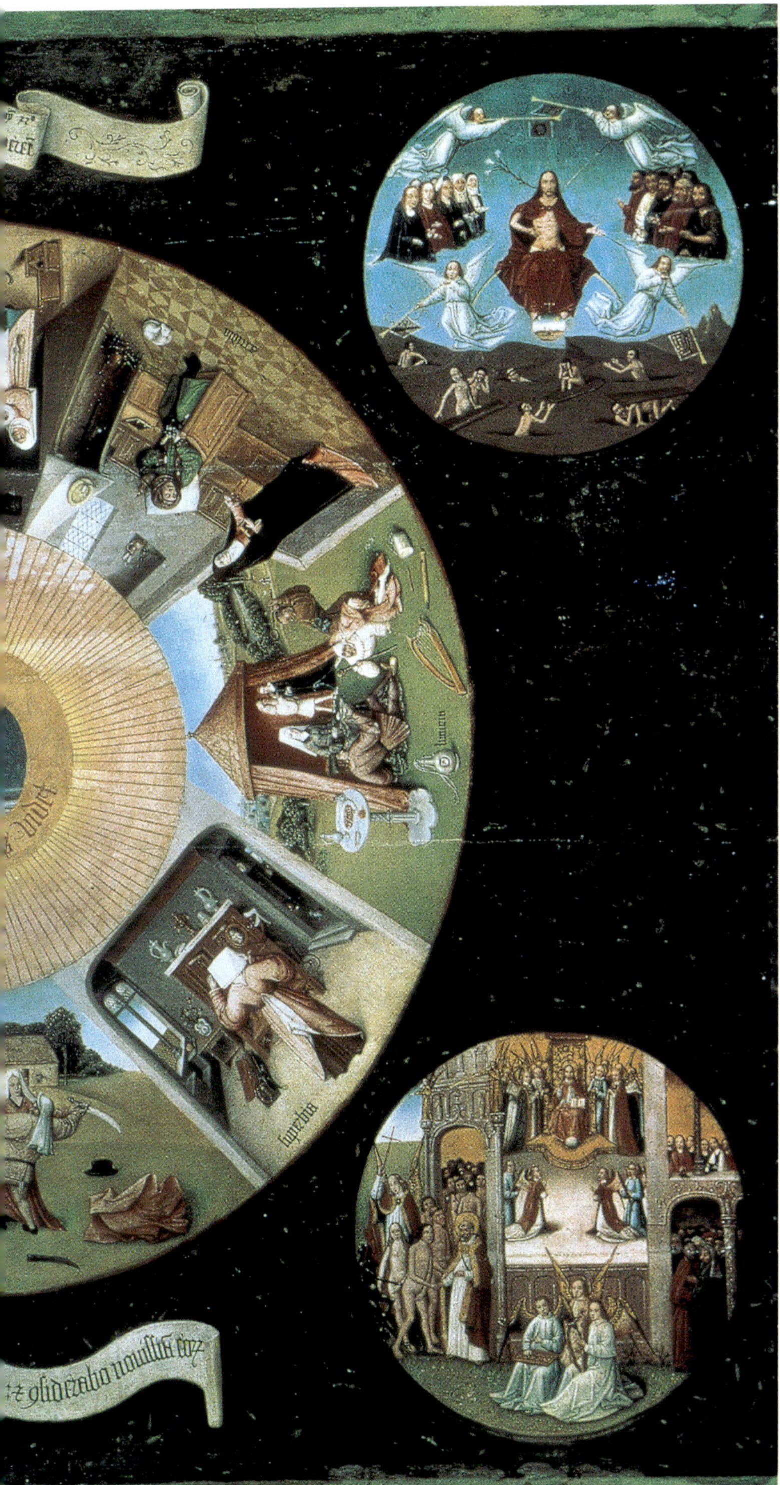

Femme

« Femme est chose nuysible & porte du diable* voie d'iniquité / pointure de scorpion / qui siert de feu et de flambe ceulx qu'elle approche / c'est l'estoupe qui alume le feu et brule le fondement des montaignes. » Ce passage est tiré du *Miroir historial* de Vincent de Beauvais, un ouvrage qui parut à Paris en 1495.

Dans une version abrégée de la Bible en moyen-néerlandais, parue en 1516 – l'année de la mort de Jérôme Bosch –, le prélude à la Chute d'Adam et Ève est raconté dans les termes suivants : « Le serpent n'osait pas s'adresser à Adam, car il savait que cet homme était sage, très pieux et fort. Adam était en effet doué des trois pouvoirs principaux. Jamais il n'y eut homme plus valeureux. Quand Dieu, notre Seigneur, lui insuffla l'âme, il lui accorda grand entendement et savoir. Jamais il n'y eut homme mortel plus beau qu'Adam, car, comme chacun sait, Dieu le créa à sa propre image. Le serpent susdit, voyant le savoir et l'entendement que Dieu avait accordé à Adam et sachant que la femme n'avait reçu ni autant de vertus, ni autant de perfection, il a préféré s'adresser d'abord à elle pour qu'elle goûte [le Fruit défendu]. »

Ces citations, choisies parmi tant d'autres, se passent de commentaire. Sans lien direct avec Bosch, elles reflètent néanmoins le virulent antiféminisme qui était assez répandu à son époque. Ève était tenue responsable de la Chute.

Bosch a-t-il exprimé son jugement sur la femme en peignant le soi-disant *Jardin des délices* (Madrid) ? Avant de répondre, il faut savoir si l'œuvre lui fut commandée ou non. Ce qui nous ramène à la sempiternelle question de la fonction* de ce triptyque*. La thèse, récemment avancée et selon laquelle Bosch aurait pu concevoir le *Jardin des délices* de son gré, reste à prouver. Elle nous semble peu crédible. Admettre que le triptyque ait été commandé implique que le contenu de l'œuvre reflète l'état d'esprit du ou des commanditaires, y compris les préjugés courants de l'époque. Ce qui veut dire que la femme était, pour eux et pour Bosch, de

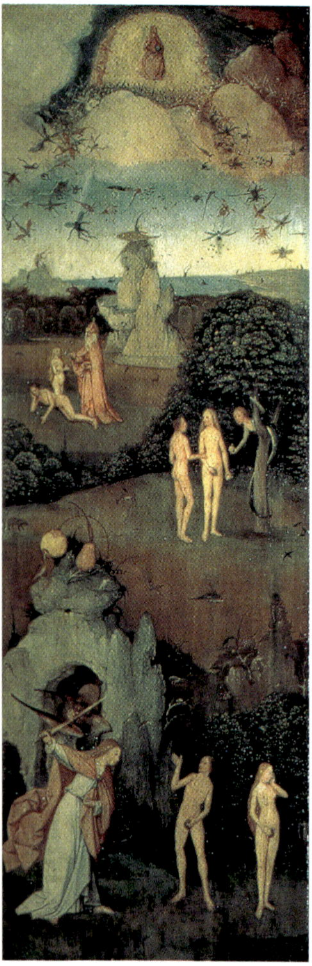

Le Chariot de foin (volet droit). Huile sur bois. Madrid, Museo Nacional del Prado.

toute façon un instrument du diable. Que Bosch était un homme complexé, hypocrite et plus sordide que le diable, on l'a souvent soupçonné, mais le problème reste entier.

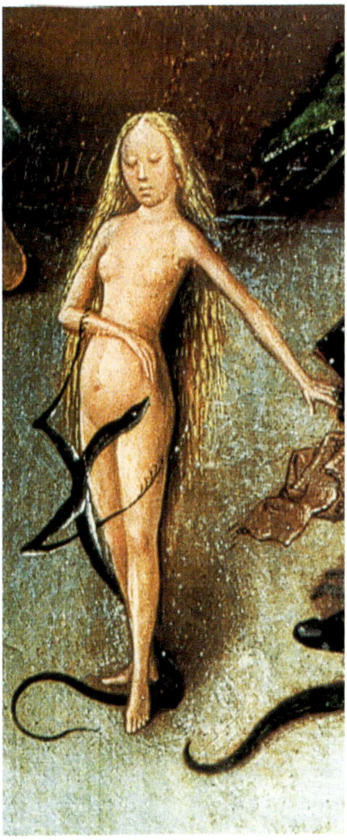

Folie

Précisons d'emblée que dans le contexte qui nous occupe, l'acception du terme « folie » n'est pas d'ordre médical. Certes, il s'agit d'égarement de l'esprit, mais un égarement qui n'est nullement pathologique. On parle de bêtise.
Encore faut-il savoir qu'à l'époque de Jérôme Bosch, la folie, ou la bêtise, avait une connotation morale. « Audict an [1516], en decembre, furent menez prisonniers devers le Roy, à Amboyse, troys prisonniers de Paris, joueurs de farces, c'est à savoir Jacques le Bazochin, Jehan Seroc et maistre Jehan du Pontalez, lesquels estoient liez et enferrez et furent ainsy menez a Amboyse. Et ce fut à cause qu'ilz avoient joué des farces à Paris, de seigneurs ; entre autres choses que mère Sotte gouvernoit en cour, et qu'elle tailloit, pilloit et desrobboit tout ; dont le Roy et madame la Regente advertiz furent fort couroucez. »
Mère Sotte n'était donc ni bête ni sotte.
Le thème de la folie est vieux comme le monde – songeons à l'Ecclésiaste, un des livres sapientiaux de l'Ancien Testament – mais, aux environs de 1500, il est pour ainsi dire omniprésent ; à tel point qu'on a cru pouvoir qualifier le phénomène de « psychose collective ».
Trois ouvrages ont alors eu un retentissement considérable : le *Narrenschiff* (*La Nef des fous,* 1494) de Sebastian Brant, la *Narrenbeschwörung* (*L'Ensorcellement des fous,* 1512) du franciscain alsacien Thomas Murner et le chef-d'œuvre d'Érasme *Laus stultitiae* (*Éloge de la folie,* 1511). Dans un langage assez lourdaud, Brant et Murner vitupéraient contre les défauts et l'inconduite. Érasme était tout aussi moraliste, mais avec sa finesse et surtout son ironie, il rendit son discours mordant.
L'adage « Stultorum numerus est infinitus » devint un lieu commun. La littérature* et le théâtre populaires, les fabliaux, les traités pieux et moralisateurs, les sermons, la xylographie (illustrations des livres et feuilles volantes), la peinture et la statuaire, les cortèges et les fêtes, l'astrologie* et l'alchimie* : partout, on rencontre la folie ou sa personnification, le bouffon. Celui-ci disait aux autres leurs

La Nef des fous (détail). Huile sur bois. Paris, musée du Louvre.

quatre vérités – « à chacun son foin », selon l'expression d'Ulenspieghel.

Finalement, au XVIe siècle, le thème était tellement répandu (et banalisé) que tout le monde devint bouffon. En 1526, la veuve Jehan Trepperel imprimait à Paris le *Seiour Dhonneur* « qui traicte de la conduitte de l'homme humain ». L'auteur est Octavien de saint Gelaiz, « evesque d'angoulesme ». On y lit les vers suivants :

« Brief, roys/et ducz/papes/
et cardinaulx
Saulve lhonneur des
ecclesiastiques
Officiers/regens/
et mareschaulx
Prevostz/baillifz/presidens/
generaulx
De bien dancer scavent tous
les praticques
Povres amans et graces
erraticques
Y vont souvent visiter cette
feste
Offrant au saint pour guerir
de la teste. »

À partir du XVe siècle, les lieux principaux de dénonciation de la folie étaient l'amour charnel, l'orgueil, la cupidité et, d'une façon générale, les sept péchés capitaux. Signalons que, dans les textes de l'époque, le pécheur était qualifié de fou : « Comment expliquer cette grande folie, ce comportement insensé de celui qui cherche avec frénésie la mort de son âme [...]. Décidément c'est un peuple qui n'a ni discernement ni sagesse. » (*Les Quatre Fins dernières,* 1482)

Un tableau de Jérôme Bosch est souvent catalogué comme une œuvre du début de la carrière du peintre; il s'agit de *L'Excision de la pierre de folie* (Madrid). Le panneau porte une inscription calligraphique, « Meester snijt die keye ras Myne name / Is lubbert das », qui signifie : « Maître, coupe vite cette pierre ; mon nom est Lubbert Das ». Même pour un néerlandophone, cette étrange requête est aujourd'hui incompréhensible : peu de gens savent ou se souviennent qu'à l'époque, on croyait que le fou avait un caillou dans la tête. Le patient suppliait donc qu'on le délivre de sa démence. Depuis quelque temps, l'attribution de ce tableau à Bosch ainsi que sa date d'exécution sont remises en cause.

L'attribution du panneau *La Nef des fous* (Paris) à Bosch n'est, elle, pas contestée. Depuis la publication de ses données techniques en 1982, on sait que ce panneau constitue la partie supérieure d'un volet, dont la partie inférieure, l'*Allégorie des plaisirs,* se trouve à New Haven (États-Unis). Sur le panneau parisien, on voit un bouffon avec sa marotte. C'est précisément sa présence qui a suggéré le titre généralement accepté par les auteurs. En outre, la scène a été associée avec l'ouvrage de Brant susmentionné. En 1968, un nouveau titre a été suggéré pour cette œuvre : *Schip van sint Reynuit*, c'est-à-dire *La Barque de saint Reynuit,* un saint carnavalesque vénéré par des associations de fêtards. Or, la réunion des deux panneaux fournit des arguments favorables à l'hypothèse selon laquelle l'ensemble initial aurait eu comme sujet et titre *Les Sept Péchés capitaux.* Cette supposition se renforce encore à l'étude d'une théorie élaborée ultérieurement et qui donne la *Mort d'un avare* (Washington) comme faisant partie du même ensemble.

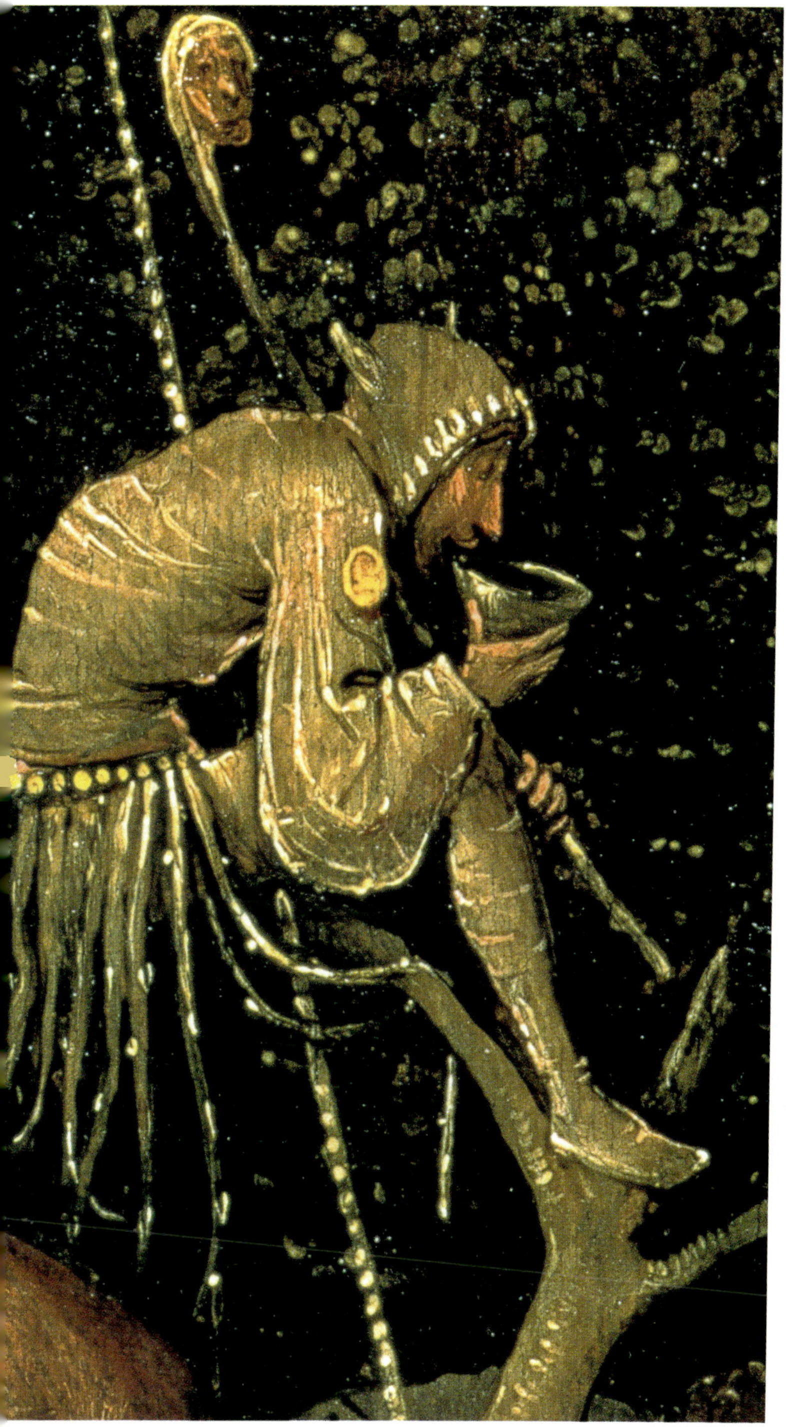

FONCTION DES ŒUVRES

Confronté à une œuvre de Jérôme Bosch, souvent le spectateur cherche une signification à des détails qui le fascinent.

Dans le coin inférieur droit du prétendu *Jardin des délices* (Madrid), on voit une scène avec un monstre coiffé d'un casque auquel est attaché un pied sectionné. En 1971, un auteur espagnol publia une note expliquant qu'à l'époque de Bosch, ces mutilations horribles étaient assez fréquemment appliquées en Castille. Or, on sait que ce triptyque* n'était pas destiné à un lieu castillan. En ignorant la destination et la fonction* initiales de l'œuvre, on fait nécessairement fausse route.

La fonction reste une donnée fondamentale, et même le point de départ de tout examen. À l'époque de Bosch, c'était la raison d'être de l'œuvre. Aussi la lecture d'une œuvre doit-elle commencer par un examen visuel qui tente de reconstituer sa fonction initiale. Les interprétations sensationnelles proposées ont un point commun : elles ignorent la fonction initiale pour en inventer une autre, insensée, mais qui correspond à leur interprétation préférentielle. Les théories de Wilhelm Fraenger en offrent un parfait exemple.

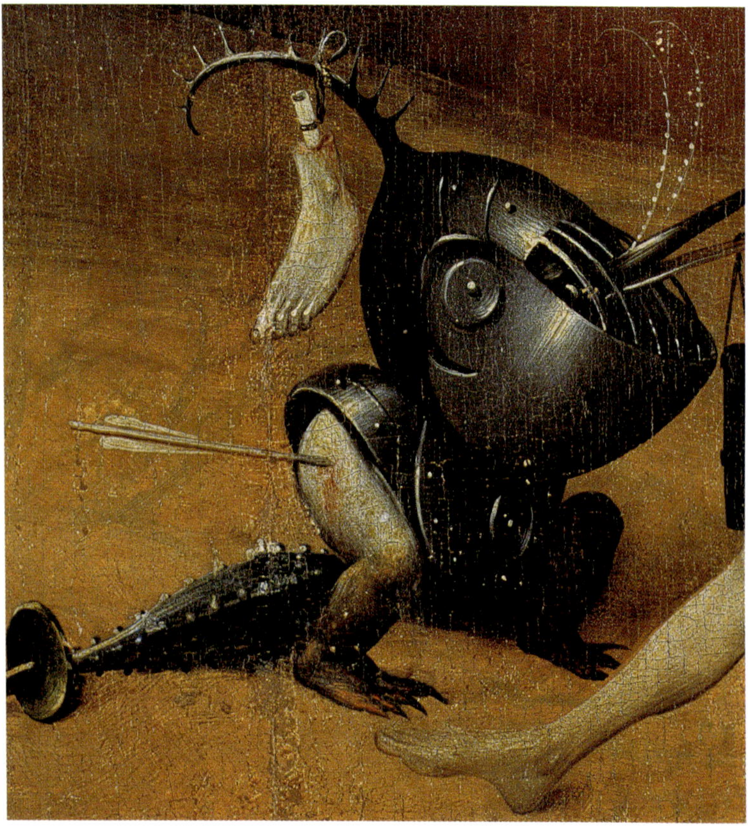

Si l'on accepte de suspendre provisoirement toute tentative d'expliquer tel ou tel détail énigmatique et que l'on passe en revue le catalogue des tableaux signés ou attribués sur des données convenablement établies, on constate que Bosch était un peintre de sujets religieux. Ensuite, on est bien obligé de reconnaître que, sauf exceptions, sa production est constituée de triptyques. Si *L'Excision de la pierre de folie* (Madrid) est retirée de son catalogue raisonné et qu'il s'avère que le prétendu *Fils prodigue* (Rotterdam) provient d'un ensemble démantelé, il ne reste plus de tableau profane attribué à Bosch.

Une fois la fonction religieuse reconnue, on peut entamer la lecture de l'ensemble des scènes et des images à la lumière de la théologie et de la foi professées à l'époque.

Le Jardin des délices (détail du volet droit). Huile sur bois. Madrid, Museo Nacional del Prado.

L'Excision de la pierre de folie. Huile sur bois. Madrid, Museo Nacional del Prado.

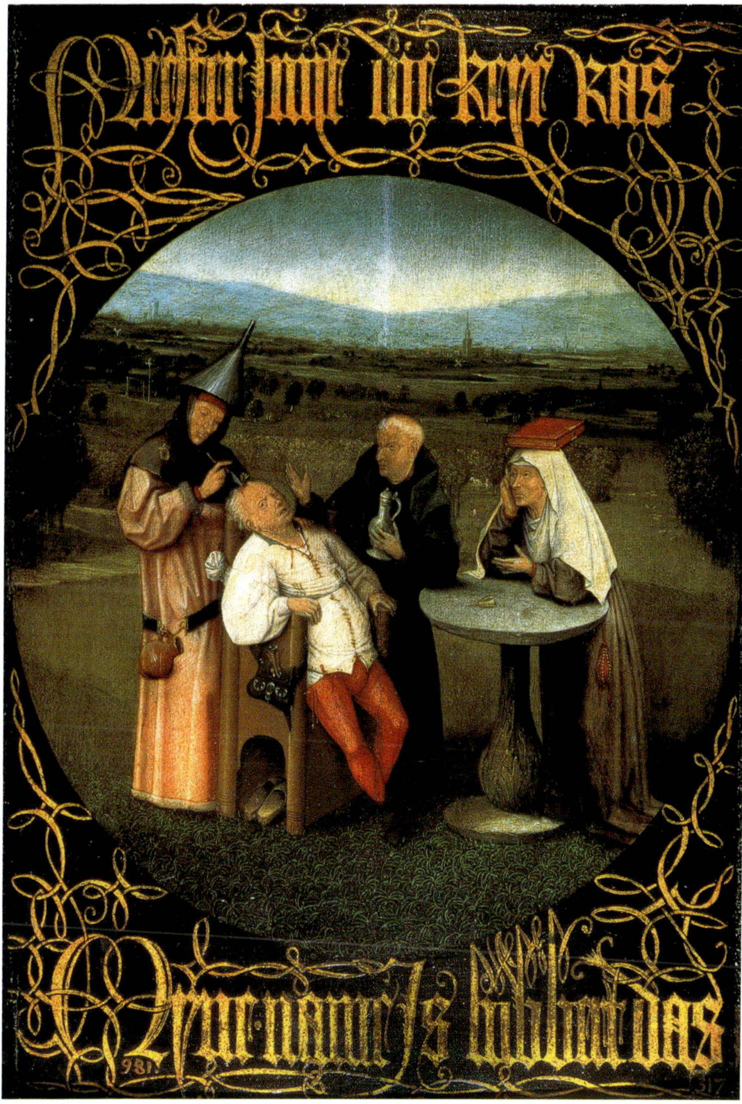

FORMATION ET SOURCES

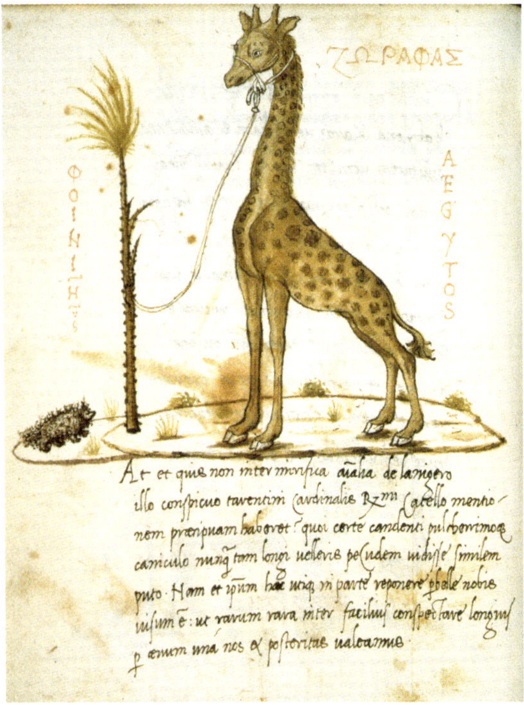

Des documents d'archives nous apprennent qu'en 1475-1476, Jérôme Bosch et son frère Goossen exerçaient leur métier de peintre avec leur père. Rappelons que le grand-père et trois oncles de Jérôme sont mentionnés comme peintres, mais on ignore tout de leur production.

On s'étonne de n'avoir pu encore trouver aucune trace d'une guilde des peintres à Bois-le-Duc avant 1546. Que Jérôme ait appris le métier soit en famille, soit dans une autre ville brabançonne, comme Anvers ou Bruxelles, cela reste à vérifier.

De surcroît, il y a l'énigme stylistique. C'est en vain qu'on a cherché l'origine de son style. Le rapport que l'on pourrait établir avec celui des maîtres hollandais s'avère bien frêle, tandis que la relation à la peinture des primitifs flamands – relation à laquelle on serait en droit de s'attendre – apparaît encore moins évidente. Certes, sur le plan de la technique* picturale, Bosch s'inscrit dans la tradition artisanale des peintres flamands, mais son art n'a aucun lien direct avec celui de l'école flamande de la seconde moitié du XVe siècle.

On n'insiste jamais assez sur le fait que Bosch était doué d'une puissance créatrice hors pair. Faut-il vraiment lui trouver à tout prix une quelconque inspiration ? Soulignons que Bosch n'a néanmoins pas créé dans le vide et oublions un certain jargon fait de mots tels que copie, emprunt, imitation, influence. Énumérons plutôt quelques éléments par lesquels son époque est présente dans son œuvre :

- d'abord, tout le bestiaire médiéval, en particulier celui des enluminures – les saillies, satires malicieuses ou vicissitudes bizarres que l'on trouve dans les illustrations marginales des manuscrits du Moyen Âge auraient pris plus tard, chez Bosch, des dimensions qui tiennent du prodige ;
- la xylographie (feuilles volantes et illustrations des incunables) ainsi que les impressions* typographiques ;
- les gravures sur cuivre imprimées surtout dans la région du Haut-Rhin (voir Martin Schongauer, Hausbuchmeister, Maître E. S., Planetenkinderbilder) ;
- la sculpture sur bois de l'époque bourguignonne, dont une certaine production témoigne d'un même goût pour les « drô-

leries » à la fois réalistes et fantastiques, en l'occurrence les célèbres miséricordes ;

• l'emploi de la langue*, plus particulièrement de ses locutions, dictons et proverbes ;

• l'intégration de la littérature* – de nombreuses scènes s'avèrent être des citations littéraires traduites en images.

En outre, on a maintes fois souligné les étroites analogies entre l'art de Bosch et le théâtre populaire ambulant, les mystères, les processions et cortèges, toutes manifestations culturelles où la dévotion* populaire et la littérature se confondent.

Cyriaque d'Ancône, compte rendu de son voyage en Égypte. Florence, Biblioteca Medicea-Laurenziana.

Le Jardin des délices (détail du volet gauche). Huile sur bois. Madrid, Museo Nacional del Prado.

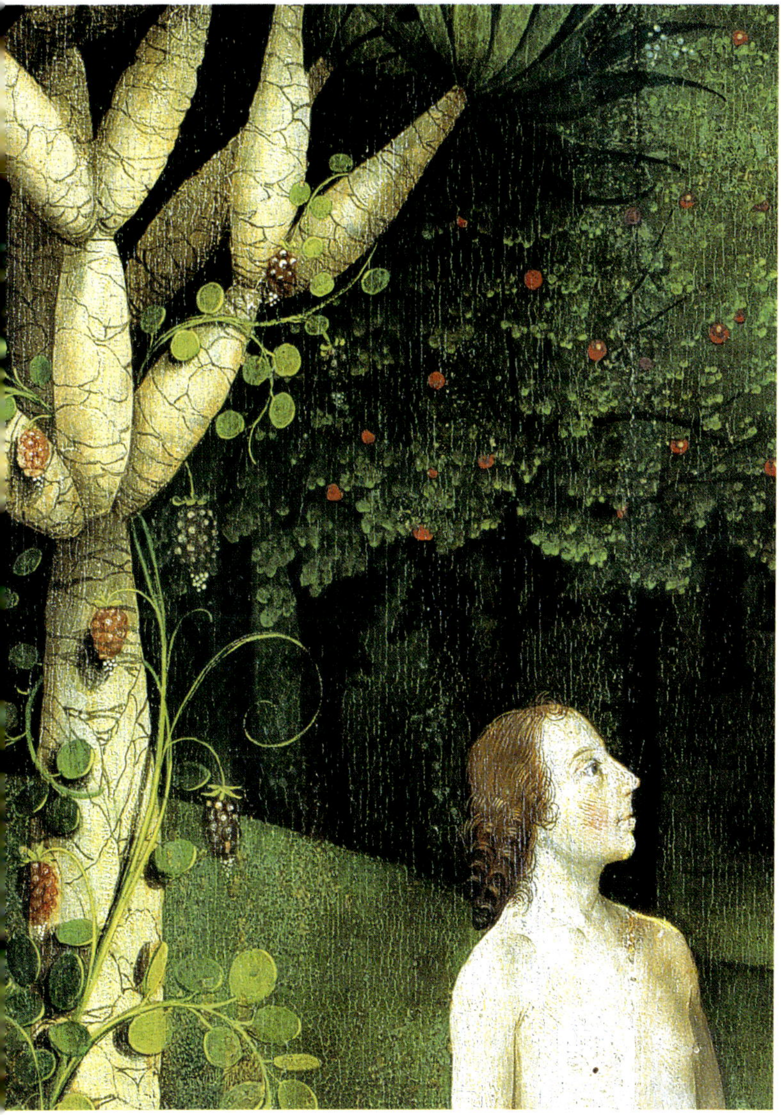

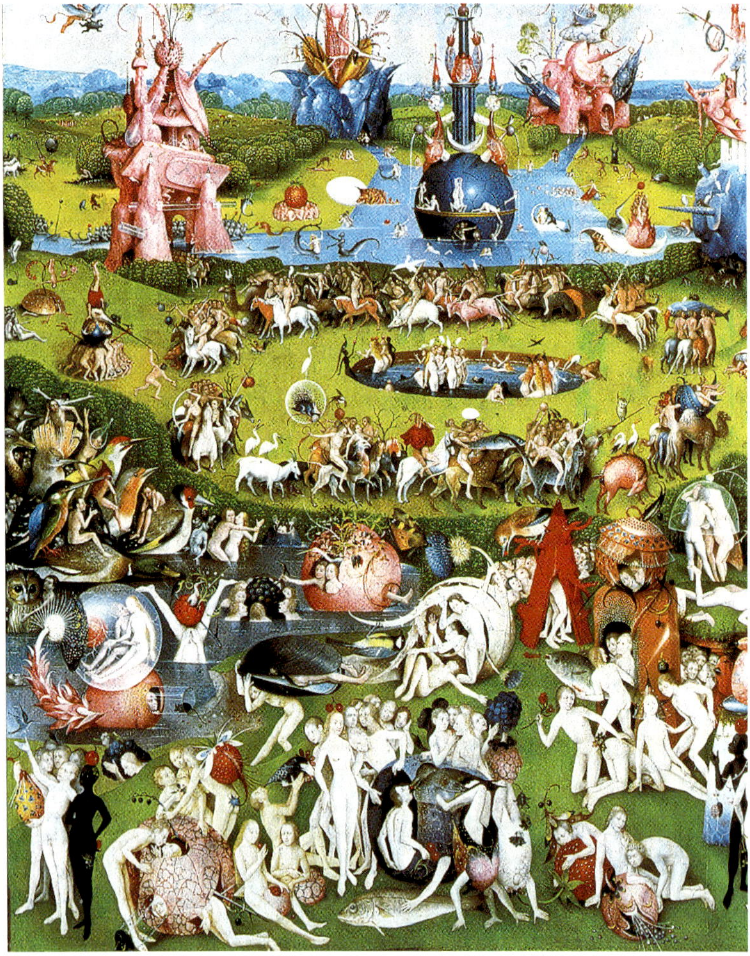

Le Jardin des délices (détail du panneau central). Huile sur bois. Madrid, Museo Nacional del Prado.

Fraise

Quel rapport y a-t-il entre Jérôme Bosch et la fraise? Elle est associée au prétendu *Jardin des délices* (Madrid), tableau célèbre entre tous.

En 1605, ce triptyque* était connu comme étant le tableau *De la gloria vana y breve gusto de la fresa o madroño (De la vanité et du goût éphémère de la fraise ou du fraisier)*. Ce titre ancien nous a été transmis par fray José de Siguenza*. Dans un inventaire de 1593, le tableau est mentionné sous le nom de *Del madroño (Le Fraisier)*. Ce titre était-il espagnol ou au contraire une traduction plus ou moins fidèle de la dénomination néerlandaise? On l'ignore. Et, malheureusement, nous ne disposons pas de la moindre indication nous prouvant que cette espèce de fraise – un fruit alléchant mais sans saveur – aurait eu, aux anciens Pays-Bas*, une signification allégorique pour désigner les plaisirs illusoires.

Quoi qu'il en soit, la fraise a une présence très marquée sur le panneau central de cette œuvre.

Saint Jean à Patmos. Huile sur bois. Berlin, Staatliche Museen zu Berlin, Gemäldegalerie.

HAGIOGRAPHIE

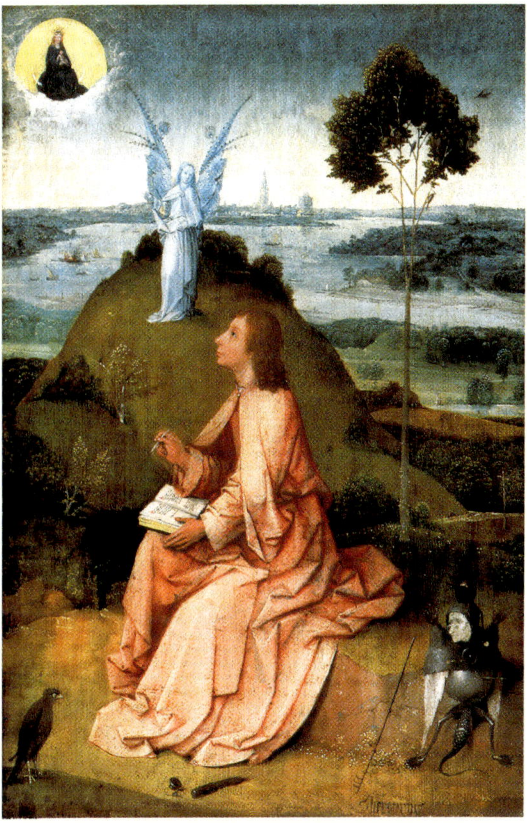

On entend par hagiographie la rédaction de la vie des saints et des saintes. Ces biographies étalent tous les mérites de leurs sujets, le martyre qu'ils ont dû subir, les obstacles et les tentations qu'ils ont dû vaincre, leurs déboires avec le diable*, leur piété et leur fermeté, en un mot : leur vie exemplaire sur le sentier de la vertu.
Directement liée à la dévotion*, l'hagiographie était autrefois indispensable. Elle racontait Urbain, Barbara, Agnès, Laurent, Hippolyte et tant d'autres qui se trouvent au Ciel. Pour chaque individu, ces vies exemplaires étaient des modèles à suivre afin de s'assurer une place parmi les Élus. En outre, tous ces Élus jouaient un rôle d'intermédiaire pour implorer le pardon ou régler un quelconque problème terrestre, ici et maintenant.
Le manuel qui était destiné à tous les prêcheurs, religieux et religieuses, auteurs de traités moralisateurs et à tous les croyants (instruits) s'appelle la *Legenda aurea (Légende dorée).* Son auteur est Jacques de Voragine. L'ouvrage, écrit en latin*, remonte aux années 1263-1273. À la fin du XVe siècle, on en comptait quatre-vingt-dix traductions imprimées. La version originale comportait 128 chapitres mais, vers 1500, il en existait déjà 440. La plus ancienne édition en moyen-néerlandais a été imprimée à Gouda en 1478.
Inutile de dire que du point de vue de la critique historique, l'hagiographie est traitée avec précaution pour ne pas dire scepticisme.
La *Légende dorée* ne peut être considérée comme une source directe de l'art de Jérôme Bosch. Les images qu'il nous propose de saint Christophe, de saint Jacques de Compostelle, de saint Jean évangéliste, de saint Jean-Baptiste, et surtout celles de saint Jérôme et de saint Antoine sont bien plus percutantes que les chapitres de Jacques de Voragine (et de ceux qui ont « grossi » l'ouvrage du dominicain).

Hérésie

« Doctrine, opinion émise au sein de l'Église catholique et condamnée par elle comme corrompant les dogmes. » (Le Robert)

Selon le *Marteau* des sorcières* (1487), l'hérésie impliquait un raisonnement erroné, contestant la foi ou une vérité établie par l'Église en matière de croyance et de bonnes mœurs. L'accusé(e) devait être catholique, convaincu(e) de la double nature du Christ (à savoir divine et humaine), puis devait avouer qu'il/elle persévérait dans ses errements.

Les obsèques de Jérôme Bosch ont eu lieu à l'église Saint-Jean à Bois-le-Duc, le 9 août 1516. Ce service implique qu'il est mort catholique. Au demeurant, nulle indication historique permet de supposer qu'il aurait eu des ennuis soit avec l'Inquisition*, soit avec les autorités politiques. C'est par le truchement de son œuvre qu'il a été soupçonné d'hérésie et ce, dès le XVIe siècle.

Le bibliothécaire de l'Escurial, fray José de Siguenza*, prit sa défense dans le quatrième livre de son *Historia de la Orden de S. Geronimo* (1605). Il estima qu'il n'y avait aucune raison de le soupçonner d'hérésie (« porque pienso que sin razon le tienen infamado de herege »). Ses explications étaient les suivantes : le roi Philippe II* n'aurait jamais accepté des œuvres hérétiques et, argument tout aussi percutant, dans les tableaux de Bosch, on trouve représentés les sacrements et toute la hiérarchie de l'Église, deux éléments inacceptables pour les hérétiques.

Les interprétations modernes qui mettent l'accent sur les aspects jugés peu orthodoxes ou franchement hérétiques de certaines œuvres de Bosch ignorent ou contestent le témoignage du bibliothécaire espagnol. Il appartient aux historiens de l'art de vérifier le bien-fondé des hypothèses émises, mais point n'est besoin d'être rompu aux méthodes de la critique des sources écrites pour se poser quelques questions. Fortement préoccupé par le mouvement de la Réforme et excessivement méfiant, le roi Philippe II était certainement sur ses gardes en ce qui concerne la teneur orthodoxe des œuvres qu'il acquérait. Que le message hérétique de Bosch ait été formulé avec une subtilité telle que ni le roi, ni ses inquisiteurs et prélats ne s'en soient alertés, l'hypothèse semble être peu viable. Rappelons qu'à ses débuts, la Réforme n'avait rien de révolutionnaire ; c'était avant tout un mouvement religieux. Les implications politiques et belliqueuses ont surgi bien après l'époque de Bosch. Il n'empêche que l'interprétation de ses triptyques donne lieu à de sérieux désaccords parmi les auteurs ; on se heurte surtout à des arguments liturgiques.

Reconnaissons que les œuvres de Jérôme Bosch n'ont rien de cette piété figée avec laquelle un

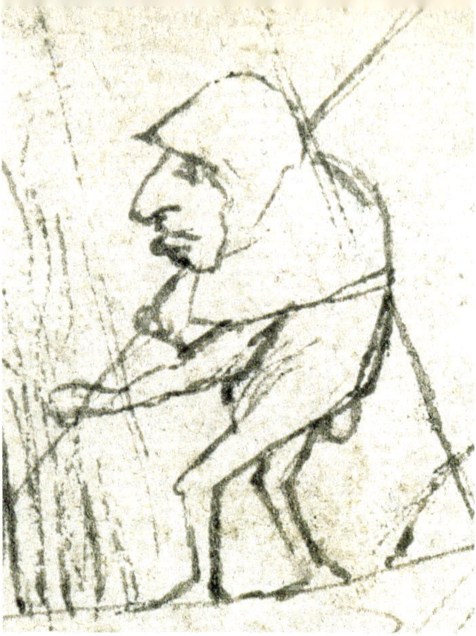

Attribué à Jérôme Bosch, *Navire en flammes* (détail). Plume à l'encre brune. Vienne, Akademie der Bildenden Künste.

Hans Memling fascine. En effet, si à présent on s'agenouille devant le prétendu *Jardin des délices*, ce n'est certainement pas par piété. Et à l'époque, les croyants se sont-ils agenouillés devant un tel « retable » ? Voilà une question pertinente qui attend une réponse. Pour la trouver, il faut étudier en profondeur la fonction* initiale de l'œuvre ; or, cette étude implique aussi de déterminer l'identité de ceux qui ont commandé le triptyque*.
Une fois condamné, l'hérétique voyait ses biens confisqués. Citons un passage du *Directorium inquisitorum* (1358) : « La commisération pour les enfants du coupable qu'on réduit à la mendicité ne doit point adoicir la sévérité de la confiscation, puisque par les lois divines et humaines, les enfants sont punis pour les fautes de leurs pères. » On trouve la même sentence dans le code pénal de Jean Boutillier, *La Somme rurale*, imprimé en 1483.

Humanisme

Le thème du péché et l'atmosphère sulfureuse de l'enfer* rattachent Jérôme Bosch au Moyen Âge. Comme sa biographie est à cheval sur deux époques – le Moyen Âge et la Renaissance –, on est en droit de se demander jusqu'à quel point le peintre a subi la confrontation avec les nouvelles tendances.
La fontaine du Paradis* représentée sur la scène des Élus (*L'Ascension des bienheureux*, volet d'un *Jugement dernier* démantelé, Venise) est d'un style plus ou moins Renaissance, mais avouons que l'indice stylistique est bien maigre.
Posons néanmoins la question : Bosch était-il humaniste et, dans l'affirmative, en quoi l'aurait-il été ? L'artiste de Bois-le-Duc est situé à la fin de cette peinture prodigieuse connue sous diverses dénominations : primitifs flamands, « Altniederländische Malerei » ou « Northern Renaissance ». Si Jan van Eyck, mort en 1441, est un peintre de la Renaissance nordique, à quelle école Bosch appartient-il ? En attirant l'attention sur le fait que Léonard de Vinci (1452-1519) était de la même génération que Jérôme Bosch, la question est pour ainsi dire tranchée. En comparaison avec cet *uomo universale* – peintre, technicien, ingénieur, anatomiste, armurier et naturaliste –, Bosch appartient pleinement au Moyen Âge. Le peintre brabançon fustigeait le comportement coupable de l'Homme en le qualifiant de folie* suprême. Érasme dans son *Éloge de la folie* fustigeait autant, sinon davantage. Mais l'écrivain – cependant clerc – dénonçait la bêtise, tandis que Bosch dénonçait le péché. Par contre, son fils spirituel Pieter Bruegel* l'Ancien fut vraiment humaniste.

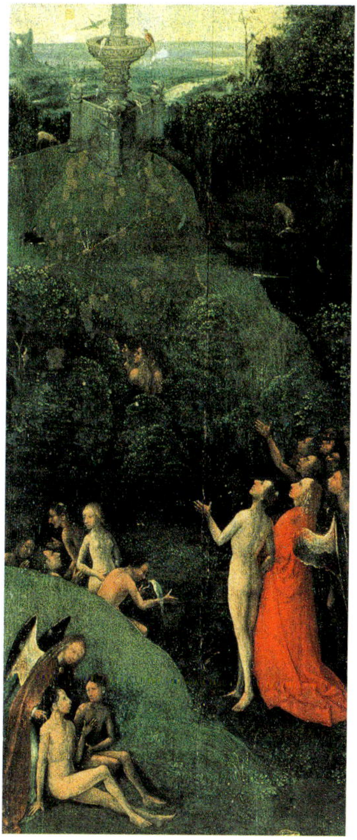

Les Bienheureux au paradis céleste. Huile sur bois. Venise, Palazzo Ducale.

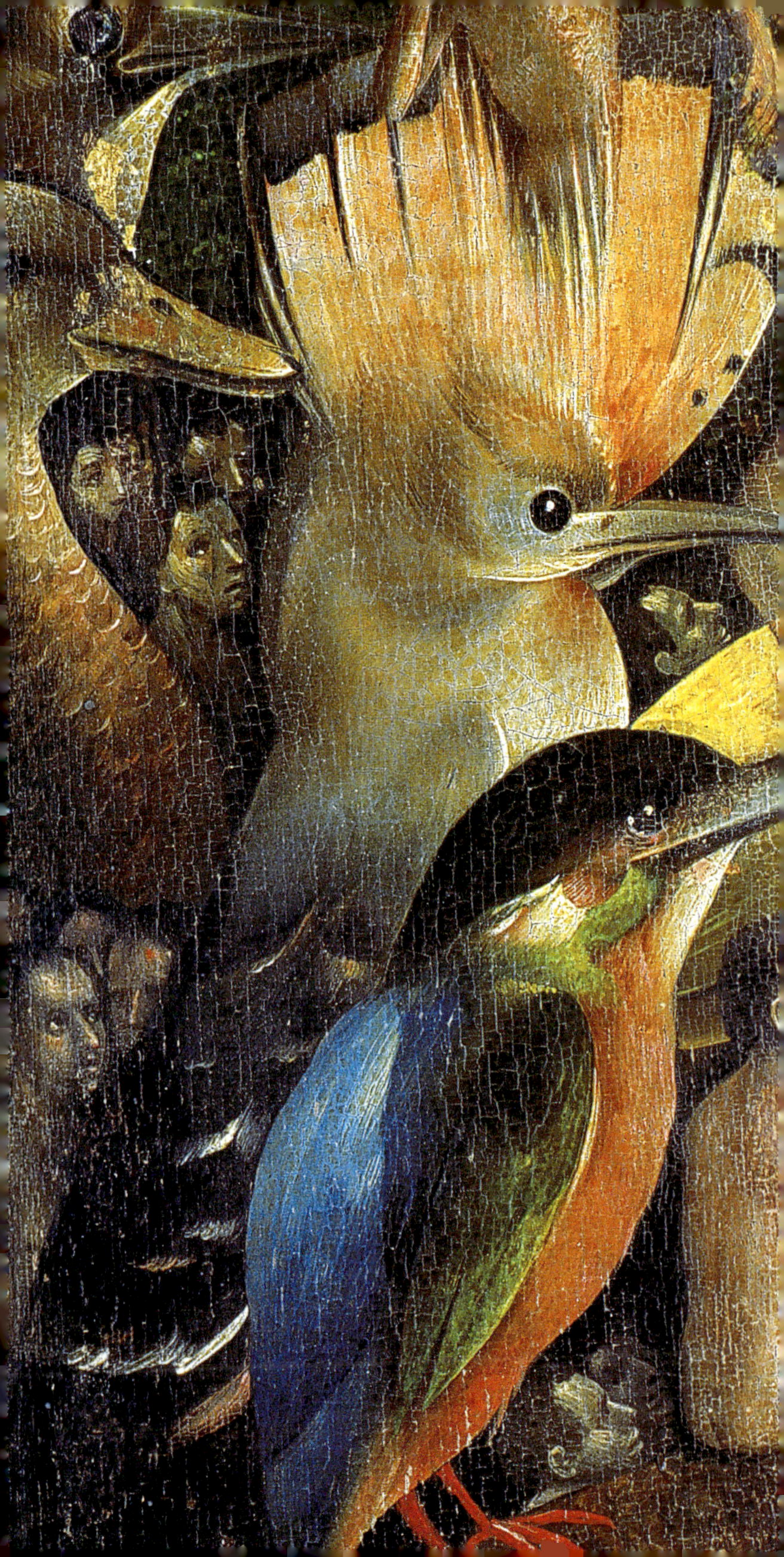

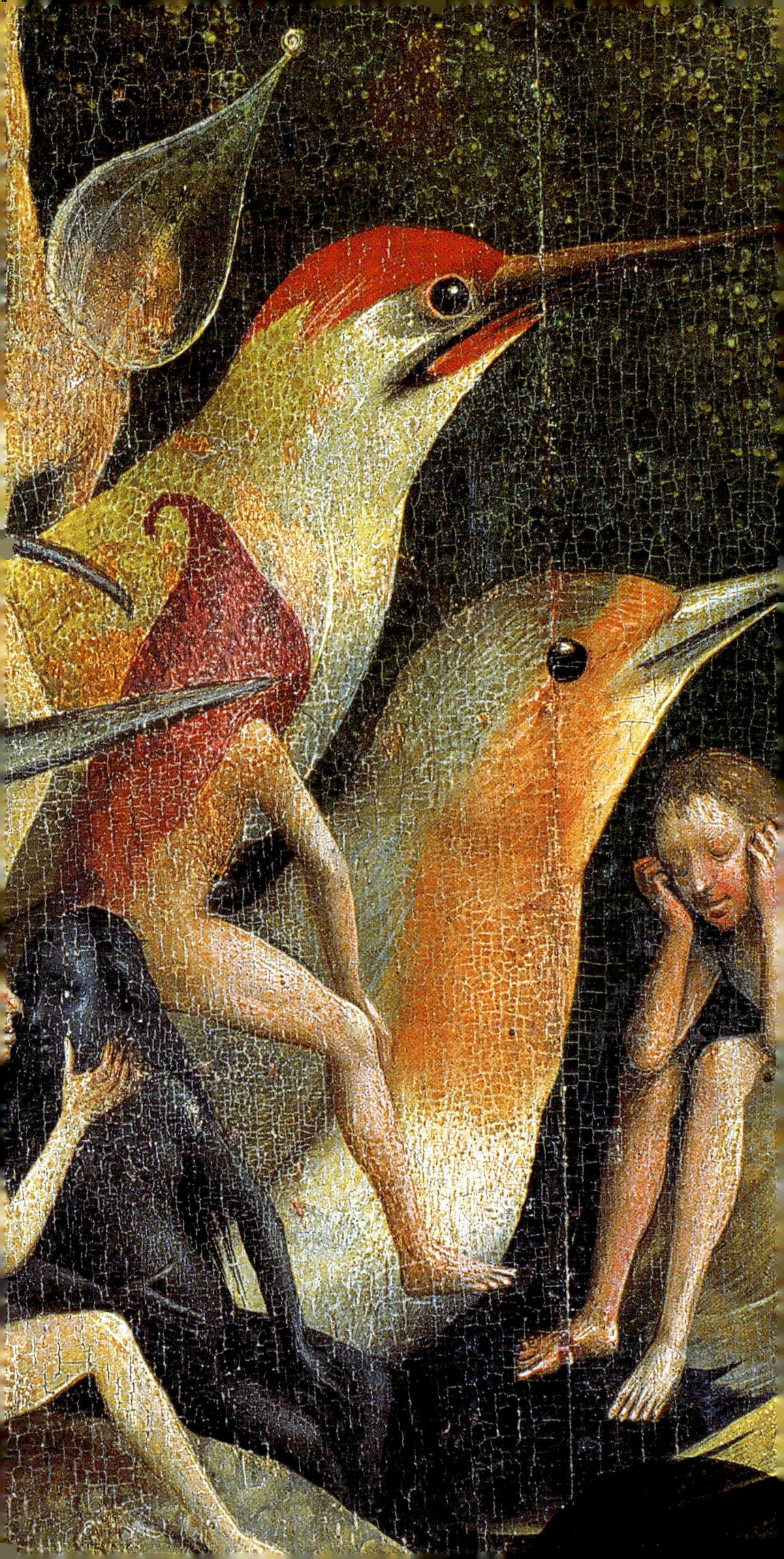

Double page précédente : *Le Jardin des délices* (détail du panneau central). Huile sur bois. Madrid, Museo Nacional del Prado.

Huppe

Sur le panneau central du prétendu *Jardin des délices* (Madrid), on trouve à gauche un groupe d'oiseaux. Au-dessus d'un martin-pêcheur, nous voyons un oiseau muni d'une superbe coiffe de plumes.
Il s'agit de la huppe *(Upupa epops),* de la famille des Upupidae. À présent, elle est devenue relativement rare, mais il semble que le pays de Jérôme Bosch – le Brabant – offrait à l'époque un biotope naturel qui convenait à l'oiseau.
Selon une définition de 1485, la huppe avait la réputation d'un oiseau malpropre : « couvé et nourri dans la merde ». L'ornithologiste nous apprend que la femelle et ses petits protègent le nid contre les prédateurs en émettant, par leurs glandes uropygiennes, une sécrétion puante.
Dans le *Compost et kalendrier des Bergiers* imprimé par G. Marchant à Paris, en 1493, la huppe parle dans les termes que voici :
« Manger ne veulz sinon ordure
Car en punaisie je me tiens
Si je suis de belle figure
Beaulté sans bonté ne vault riens. »
On trouve des considérations similaires dans des textes allemands et moyen-néerlandais. Signalons à ce propos le traité *Van den Gheesteliken Tabernakel* (*Le Tabernacle spirituel)* du mystique brabançon Ruusbroec (1293-1381), qui estima que la huppe « est comme ces gens impurs qui, richement habillés, cherchent à plaire au monde ». Il continue dans un langage cru et intraduisible : pour Dieu et tous les saints, ces gens « puent » ; ils sont « sales et plus méchants que le diable* ».
Il y avait une raison supplémentaire de honnir la huppe : ses œufs (puants) étaient recherchés par les magiciens ! À ce sujet, l'ouvrage encyclopédique de Bartholomeus Anglicanus, *Tractatus de proprietatibus rerum,* dont on connaît de nombreuses éditions (en français en 1486 et 1491 ; en moyen-néerlandais en 1485), se réfère à la *Naturalis historia* (77) de Pline l'Ancien.

Impression typographique

En Occident, l'impression xylographique, c'est-à-dire l'impression de textes taillés dans le bois, remonte aux années 1420.
Les premières impressions typographiques, qui utilisaient des caractères métalliques individuels, apparurent dans les années 1440 ; ce fut notamment le cas d'un calendrier astronomique pour l'an 1448.
La célèbre Bible à quarante-deux lignes parut à Mainz (Mayence) en 1456, suivie d'une autre Bible, à trente-six lignes, en 1458-1459. Ces deux monuments de la typographie sont attribués à Johannes Gutenberg, orfèvre et présumé inventeur de la typographie.
Le premier imprimeur établi dans les anciens Pays-Bas* s'appelait Dirk Martens. Ses activités ont commencé à Alost (en Flandre-Orientale) en 1473.
En 1477, deux imprimeurs hollandais, Jacob Jacobssoen et Mauricius Yemantszoen van Middelborch, imprimèrent à Delft leur Bible *in duytsche* (c'est-à-dire en moyen-néerlandais).
D'une certaine façon, Jérôme Bosch a grandi en même temps que le livre imprimé. Les ouvrages parus avant sa mort en 1516 avaient, à l'exception d'un pourcentage minime, un caractère religieux ou moralisateur. Par la tournure d'esprit

que ces traités révèlent, ils nous aident à mieux comprendre certaines scènes de Bosch ; voir à ce propos la notice consacrée à la formation* du peintre et à ses sources.

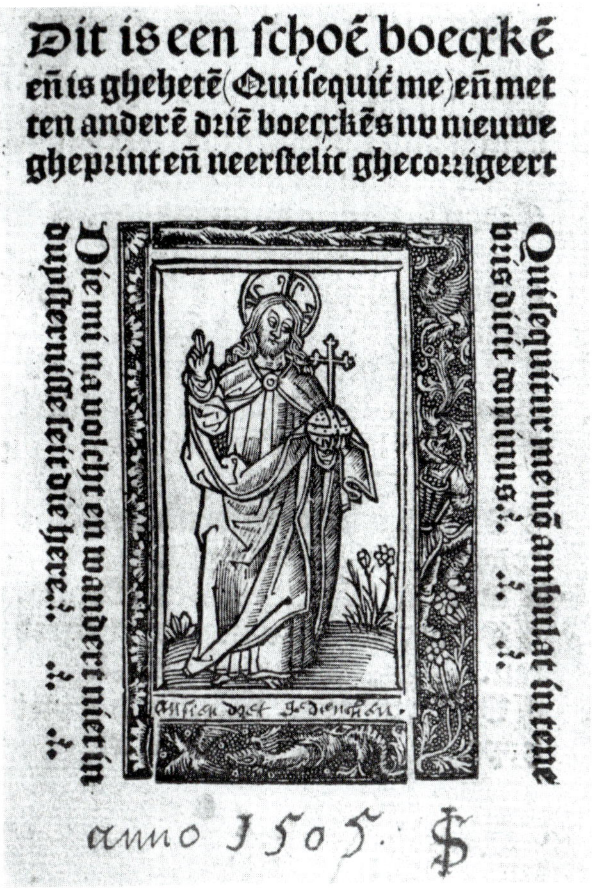
Dit is een schoẽ boecxkẽ eñ is ghehetẽ (Quisequitr me) eñ met ten anderẽ driẽ boecxkẽs nu nieuwe gheprint eñ neerstelic ghecorrigeert

Quisequitur me nõ ambulat in tenebris dicit dominus

Die mi na volcht en wandert niet in duysternisse seit die here

anno 1505

Thomas Kempis, *De navolging van Christus (L'Imitation du Christ)*, 1505, page de titre. Utrecht, Museum Catharijneconvent.

INQUISITION

L'Inquisition avait comme mission la persécution des hérétiques. L'organisation remonte au XIIIe siècle. En 1480, les souverains d'Espagne, Ferdinand V d'Aragon et Isabelle de Castille, réorganisèrent l'institution. Elle devint tristement célèbre pour le fanatisme impitoyable de ses membres, des moines dominicains espagnols, ce qui explique pourquoi l'Inquisition est facilement associée avec l'Espagne.

L'interrogatoire par l'Inquisition impliquait souvent la torture. Cette institution a toujours fonctionné comme un tribunal parallèle et l'exécution de ses sentences était une affaire du pouvoir laïc. Charles Quint publia le premier placard contre le mouvement hérétique en 1521. Les troubles liés à l'Inquisition aux anciens Pays-Bas* se situent dans la seconde moitié du XVIe siècle. Il n'existe pas de rapport direct entre Jérôme Bosch et l'Inquisition, même si le peintre a parfois été, à tort, accusé d'hérésie*.

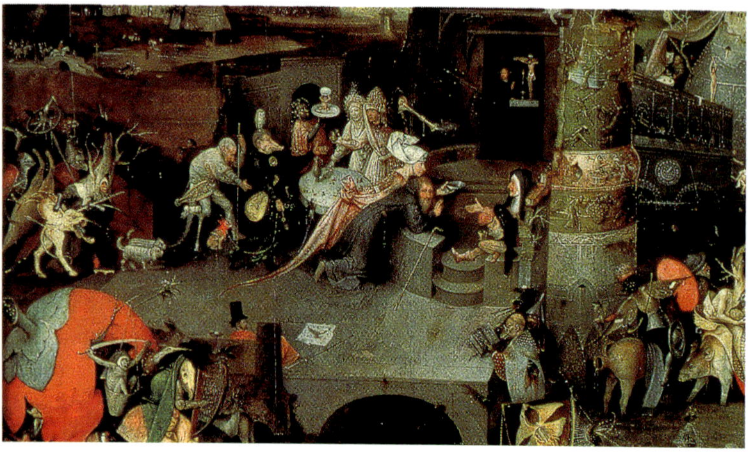

La Tentation de saint Antoine (détail du panneau central). Huile sur bois. Lisbonne, Museu de Arte Antiga.

Justice et droit pénal

On apprend que l'aide-maçon, volereau à ses heures, « estoit digne de mourir comme inutile au monde, c'est assavoir d'estre pendu comme larron ». Les historiens qui explorent les archives de l'époque de Jérôme Bosch sont habitués à lire des commentaires de ce genre. La vie d'un homme du peuple était, le plus souvent, dure et pas très longue.

En outre, il faut savoir que la philosophie fondamentale du droit pénal de l'époque n'était pas juridique, mais d'ordre théologique et pédagogique : « Car la justice a été instaurée comme vengeresse au service de la colère de Dieu » (1495). Un autre exemple plus tardif : « Car le peuple ne peut être gouverné uniquement par le catéchisme et l'enseignement; c'est par la peur du châtiment qu'il faut le dissuader du crime. » Le texte date de 1560, c'est-à-dire de l'époque de Pieter Bruegel* l'Ancien, peintre qui nous a laissé des images saisissantes de l'exécution publique vécue comme spectacle. Une ballade du XVe siècle avait comme ritournelle : « Prenez, pandez, et ce sera bien fet. »

Aux anciens Pays-Bas*, les accusés étaient jugés par le bailli et les échevins. Le bailli avait comme symbole de sa dignité un objet appelé *baljuwsroede* (« verge du bailli ») ou *doornstocxken* (« bâton épineux »). Cet objet est représenté dans un groupe du panneau central du triptyque de Bosch nommé *La Tentation de saint Antoine* (Madrid).

Le code pénal de Jean Boutillier, *La Somme rurale,* a été imprimé en 1479, 1483 et 1529. Parmi les sentences décrites, figurait l'amende honorable ou un pèlerinage imposé, par exemple à Saint-Jacques-de-Compostelle. Le bannissement était assez souvent une peine supplémentaire. La condamnation la plus courante était le châtiment corporel : bastonnade, flagellation, supplice* ou exécution.

Langue

Le néerlandais, une langue qui appartient au groupe germanique, a été établi vers la fin du XIIe siècle. Pour la période comprise entre le XIIe siècle et le début du XVIe, on utilise le terme moyen-néerlandais. De nos jours, le néerlandais est la langue des Pays-Bas* et de la Flandre.

La langue que Jérôme Bosch a lue et entendue était donc le moyen-néerlandais. On ne connaît aucune lettre, ni aucun autre texte manuscrit du peintre. Néanmoins, les études très fouillées de Dirk Bax ont démontré que de nombreuses scènes dans l'œuvre de Bosch s'expliquent par des locutions et des proverbes, souvent tombés en désuétude et pratiquement intraduisibles aujourd'hui (voir la notice Bougrerie).

Latin

À l'époque de Jérôme Bosch, la langue véhiculaire du monde intellectuel en Europe était le latin. Dans l'enseignement supérieur, elle s'est maintenue jusqu'au XIXe siècle.
Bosch est-il allé à l'école ? On l'ignore. Des écoles publiques, il n'y en avait point ; en ce temps, seule une minorité recevait une instruction. Aussi la société était-elle en majeure partie analphabète. L'enseignement était réservé à ceux que

La Forêt a des oreilles, le champ a des yeux.
Plume à l'encre brune.
Berlin, Staatliche Museen zu Berlin, Kupferstichkabinett.

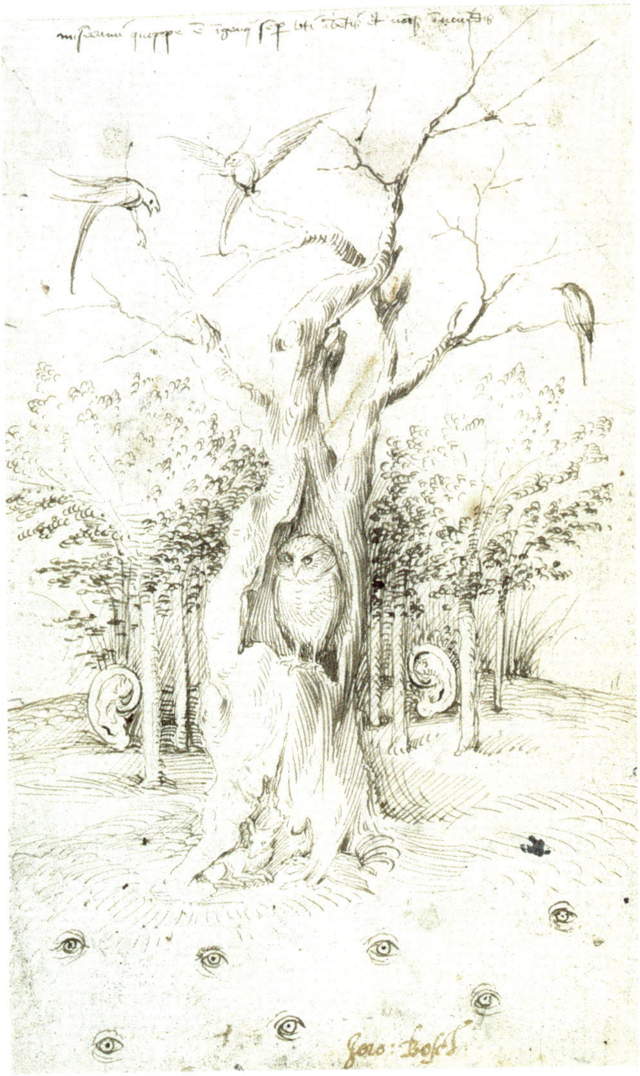

les parents destinaient à une carrière de juriste, de médecin, de professeur ou de clerc, c'est-à-dire au clergé*.

Sur les volets fermés du prétendu *Jardin des délices* (Madrid), on lit en caractères gothiques une citation du Psaume 33 : « Ipse dixit et facta sunt – Ipse mandavit et creata sunt » (« Il dit et la chose arrive / Il ordonne et elle existe »). Normalement, des textes de ce genre étaient fournis aux peintres par des moines ou autres ecclésiastiques. On ignore si, dans ce cas-ci, Bosch a choisi lui-même la citation.

Le Kupferstichkabinett de Berlin conserve un dessin (n° 549) attribué à Bosch. La scène est vraisemblablement un rébus basé sur une locution qu'on peut traduire comme suit : le champ a des yeux, le bois a des oreilles. Le long de son bord supérieur, le dessin porte une inscription en latin assez difficile à déchiffrer : « Miserrimi quippe est ingenii semper uti inventis et nunquam inveniendis » (avec les abréviations développées), qui signifie : « Misérable est l'esprit qui ne travaille que grâce aux trouvailles des autres et ne sait imaginer lui-même rien de nouveau. » L'inscription manuscrite est certainement de l'époque, mais on ignore si elle a été apposée par Bosch lui-même. De toute façon, il s'agit d'une citation empruntée à un traité du XIVe siècle, qui était, au Moyen Âge, attribué à Boèce. Toutes les inscriptions sur le panneau intitulé *Les Sept Péchés capitaux et les Quatre Fins dernières* (Madrid) sont également en latin, mais l'attribution de ce panneau est remise en question. Une étude des textes écrits en latin et répandus à l'époque par l'impression* typographique reste à faire.

Littérature

Si l'histoire de l'art et l'examen* scientifique nous permettent de reconstituer la fonction* des œuvres de Jérôme Bosch, c'est finalement la littérature qui offre le plus grand nombre de clés nécessaires au décodage de nombreuses scènes énigmatiques.

Ce n'est qu'en 1898 que Dollmayr attira l'attention sur des thèmes que Bosch aurait apparemment empruntés à la littérature. Bosch était manifestement au courant de la théologie de l'époque. Aussi a-t-on suggéré qu'il ne serait devenu peintre qu'après avoir reçu une formation* théologique ; ce qui expliquerait sa connaissance du latin*. Quoi qu'il en soit, Bosch a beaucoup lu.

Il était à coup sûr familiarisé avec la Bible. Comme autres sources importantes de son œuvre, on cite, à tort ou à raison, des ouvrages relevant de l'hagiographie*, de la mystique, plus particulièrement Ruusbroec, de la théologie et de la littérature pieuse en général – saint Augustin, Albert le Grand, Denis de Rijckel dit le Chartreux, Gerson, le *Marteau des sorcières**, la *Légende dorée*, le *Livre du pèlerin*, l'*Ars moriendi* ou l'*Art de bien mourir* (un best-seller de l'époque), le *Voyage de saint Brandane*, le *Purgatoire de saint Patrick*, et surtout la *Vision de Tondale* ; sans doute aussi le *Narrenschiff (La Nef des fous)* de Sebastian Brant. Et la liste des ouvrages littéraires dans lesquels figurent des passages qui évoquent des images boschiennes est fort longue.

Cependant, il serait erroné de croire que Bosch aurait créé ses scènes avec tel ou tel livre à côté de son chevalet. La littérature nous permet de comprendre, quant à sa peinture, une

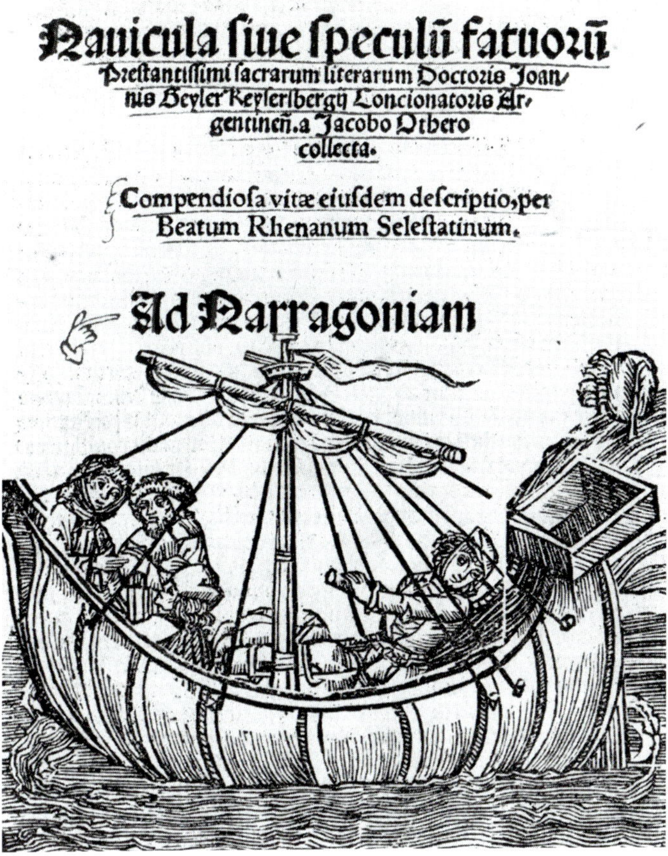

multitude de choses qui, depuis lors, sont tombées en désuétude.

Marteau des sorcières

La bulle papale *Summis desiderantes affectibus* d'Innocent VIII, publiée en 1484, est considérée comme le début de la persécution des sorcières. En 1487 parut à Cologne un petit livre intitulé *Malleus maleficarum*. Les auteurs étaient deux moines dominicains : Heinrich Krämer et Jacob Sprenger.

En 1520, à peine quatre ans après la mort de Jérôme Bosch, l'opuscule en était déjà à sa douzième réimpression. En 1669, on en comptait vingt-neuf. Ce *Marteau des sorcières* mérite de figurer sur la liste des livres les plus tragiques jamais imprimés. En effet, il a servi de code juridique pour juger des personnes dénoncées ou soupçonnées de sorcellerie* et ce, jusque tard dans le XVIIe siècle. Rappelons que le célèbre procès de Salem (Massachusetts) eut lieu en 1692.

On n'a trace d'aucune source historique suggérant un rapport direct entre le *Malleus maleficarum* et Bosch. Comme l'opuscule connut une douzaine d'éditions de son vivant, il est pourtant peu probable que le peintre l'ait ignoré. Signalons toutefois que les auteurs du livre attribuaient aux sorcières des formes animalisées. Ce réquisitoire des inquisiteurs témoigne du climat extrêmement hostile qui régnait au sein de la société dans laquelle Bosch a vécu.

Johann Geiler von Kaisersberg, *Navicula sive speculum fatuorum* (1510). Trèves, Bibliothèque municipale.

Mendiants

Pendant l'exercice 1521-1522, l'église Saint-Jean à Bois-le-Duc comptabilisa une dépense d'un florin payé au *beyerman,* c'est-à-dire au sonneur qui devait empêcher « les pauvres gens et les mendiants » d'entrer dans l'église. Un détail à la fois infime et infâme.

Sur la nuisance de la mendicité à l'église, on connaît plusieurs ballades françaises du XVe siècle :

« Truande [= mendiante]
Par vostre ennuy en cest
moustier [= église]
Coquin, truant ne maquerelle
Il n'y a ribault ne houlier
[= souteneur]
Qui ne soit tousjours
en chapelle,
Pour mailles et deniers avoir.
En l'eglise, c'est grant esclande;
L'en ne s'i puet agenoiller
Qu'il n'en ait devant et derrière;
L'un tent sa main,
l'autre s'escuelle,
Puans comme une orde ruelle. »

Les mendiants étaient jetés « hors du moustier, sur paine d'amende ». Une autre ballade suggérait de remplacer l'obole par deux coups de bâton :

« Vous qui alez au moustier
le matin,
Noble bourgois, marchant
et pelerin,
À telz truans donnez chascun
2 caux [= coups]
D'un gros baston [...]. »

Une ordonnance de Charles Quint publiée en 1531 interdisait la mendicité des enfants, grands et petits. On apprend qu'en cas d'infraction, les adultes étaient punis et les enfants... bastonnés !

Pauvreté

Il est vrai qu'en Europe occidentale, la mendicité était, depuis longtemps, un chancre social. Au demeurant, le chancre perdura bien après l'époque de Jérôme Bosch. Comme dans toute société, il y avait l'opulence et l'indigence, des gens richissimes et beaucoup d'autres qui vivaient dans la misère. Point n'est besoin de démontrer qu'il y avait une classe dirigeante minoritaire et, par conséquent, une lutte des classes. Le salaire minimum, l'assurance maladie, la pension garantie, tout cela est très récent. Il n'y avait ni économistes, ni sociologues, et, surtout, il n'y avait pas de philosophie en matière d'économie et d'organisation sociale. Sachons aussi que deux mauvaises récoltes avaient une famine comme conséquence.

Les pouvoirs publics se préoccupèrent de la mendicité à cause de la nuisance qu'éprouvait la « bourgeoisie bien-pensante ». Les mesures étaient toujours coercitives, suffisamment sévères pour remédier au plus pressant, mais le problème restait entier. Et puis, les autorités politiques pouvaient s'en remettre à l'Église qui, elle, prêchait la charité chrétienne.

Un dialogue publié en 1480 racontait à peu près ceci. Voilà le riche qui déclarait préférer être riche (avec l'appui du Seigneur) et faire du bien, plutôt que d'être pauvre et pendu pour ses délits. Le pauvre rétorquait que le « richard » ne pouvait se séparer de ses clés, de peur d'être dévalisé : du matin au soir, il devait s'occuper de ses biens au lieu de préparer le salut de son âme.

Dans ses sermons imprimés à Zwolle en 1489, Jacques de Voragine, l'auteur de la *Légende dorée,* énumère cinq circonstances qui supprimaient les indulgences accordées par la distribution d'aumônes; l'une d'entre elles était l'orgueil. Par ces circonstances ou intentions,

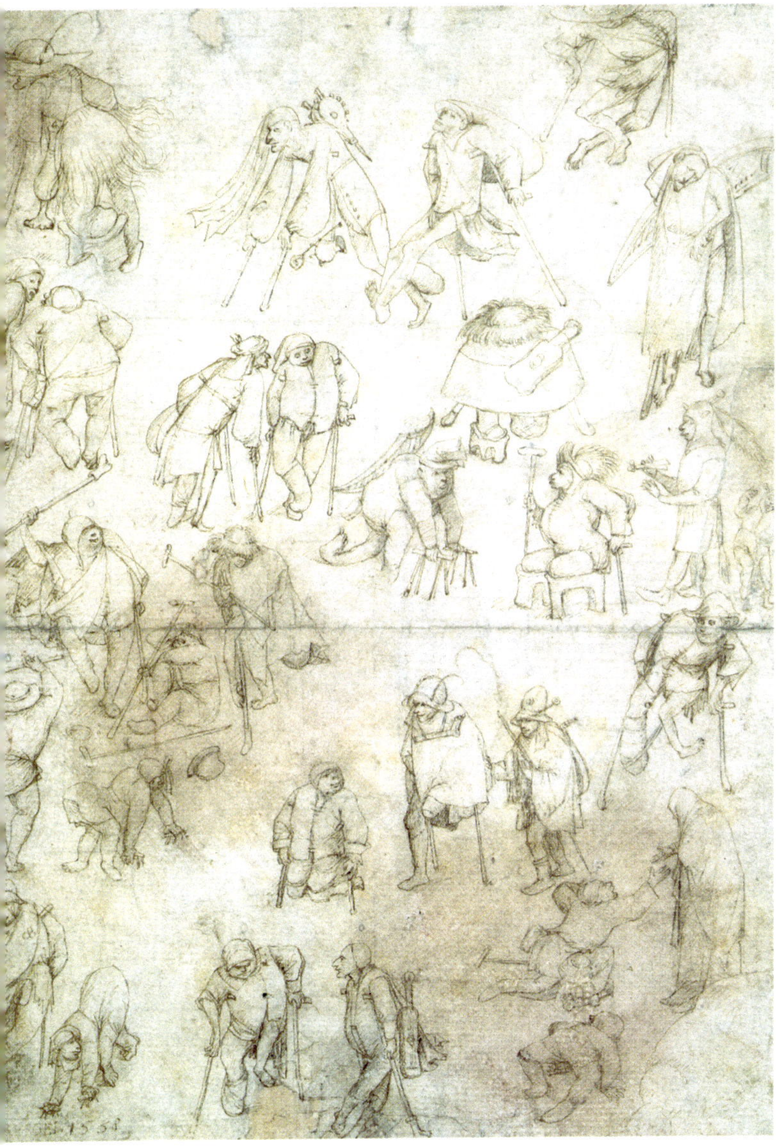

donner l'obole devenait *misdadich,* ce qui veut dire « criminel ». Dans *La Nef des fous* (1494, édition moyen-néerlandaise en 1500), Sebastian Brant consacra un chapitre (63) à la mendicité, dont voici quelques passages :
« Le peuple des mendiants
compte beaucoup de fous :
pour avoir de l'argent
et vivre à bon marché,
on va sur les chemins
pour y mendier son pain.
Certains se font mendiants
à l'âge où, jeune et fort,
et en pleine santé,
on pourrait travailler :
pourquoi se fatiguer
et devoir se baisser
quand un os de vaurien
vous pousse dans le dos
et un poil dans la main ?
Les enfants eux aussi
devront commencer tôt
à mendier tout le jour,
à gémir et pleurer,

Attribué à Jérôme Bosch, *Les Estropiés.* Plume à l'encre brune. Bruxelles, Bibliothèque royale de Belgique, cabinet des Estampes.

car autrement le père
d'un bras en ferait deux,
et caressant leur dos,
leur ferait plaies et bosses
pour qu'ils sachent crier
et hurler pour de vrai.
Tout mendiant a sa garce
qui ment, filoute et mime,
simulant l'éclopée
dans les rues de la ville,
pour pomper la galette
au profit de son mec
tandis que le vaurien
siffle du meilleur vin
dans tous les caboulots
où se jouent les gros lots.
Certains boitent très fort,
d'autres se plient en deux,
celui-là plie sa jambe,
l'attache avec des bandes
sur un pilon de bois;
un autre fait saillir
un tibia sous sa veste.
En regardant de près
éclopés et infirmes
on verrait les truquages.
Beaucoup font ce métier
pour jouer, forniquer
et vivre grassement,
et c'est un métier sûr
qui ne craint le chômage,
car lorsqu'on dilapide
tous ses biens en débauche,
on n'est pas en faillite :
personne ne défend
de mendier sur les routes,
jamais on ne confisque
le bâton de mendiant. »
(Traduction de
Madeleine Horst, 1979)

En 1459, Philippe le Bon publia à Bruxelles une charte concernant entre autres des mesures contre la mendicité. Il imposa aux mendiants de porter un insigne autour du cou et limita le séjour des étrangers : une seule nuit dans les « paroisses », deux nuits à l'intérieur de l'enceinte des villes. Les « pauvres pèlerins étrangers » étaient exempts de l'obligation de porter l'insigne. Les nombreuses ordonnances qui ont confirmé et étendu ces mesures témoignent de leur inefficacité. Celles publiées en 1547 stipulaient qu'étaient « exceptez & réservez les religieulx ou religieuses mendians / les prisonniers & les ladres », c'est-à-dire les lépreux. Ils « pourront pourchasser l'aulmosne en la manière accoustumée / ayans lesdicts ladres leurs chappeaulx, gantz, manteaulx & enseignes comme avoir doivent ». Autre preuve de l'inefficacité des mesures : les nombreuses sentences par le biais desquelles les mendiants étaient incarcérés ou bannis.

À en juger d'après les sources écrites, la population bien-pensante était carrément hostile à la mendicité. Cette hostilité était en partie inspirée par le préjugé vis-à-vis des éclopés. Les défaillances de la nature étaient facilement associées avec le mal, dans l'acception large du mot.

Éclopés

« Et si tesmoigne l'Escripture
Que homme de membre
contrefais
Est en sa pensée meffais
Plains de pechiez et plains
de vices. »
(Auteur inconnu, XVe siècle)

La déformation physique était assez souvent interprétée comme une punition imposée par le Seigneur. Sévèrement critiquées étaient la supercherie et la feintise des mendiants, mais le reproche le plus grave était la mutilation des enfants pour en faire des mendiants professionnels. À propos de mutilations, signalons chez Bosch les scènes incroyables – *La Tentation de saint Antoine* (Lisbonne) notamment –, où l'on voit un pied sectionné.

Le *Liber Vagatorum* (vers 1510) donne le commentaire suivant : « ce sont des mendiants, assis aux portes des églises, les jours

de messe ou de consécration, les membres estropiés. L'un d'eux a perdu un pied, l'autre une jambe et le troisième une main ou un bras [...]. Mais ne croyez pas ce qu'ils disent, car c'est en prison que ces membres ont pourri en raison d'une affaire sordide. » D'autres récits laissent entendre que les mendiants mutilaient des cadavres de pendus et étalaient les membres sectionnés pour susciter la compassion des passants.
Jérôme Bosch aurait-il peint des scènes réelles sur les grisailles du triptyque* de Vienne *(Le Jugement dernier)* et au centre de *La Tentation de saint Antoine*? Comment expliquer un tel réalisme dans ces nombreuses scènes où le peintre a manifestement intégré le mendiant dans l'univers démoniaque?

L'humaniste Juan Luis Vives (1493-1540) fut le premier à étudier le phénomène de la pauvreté; son traité *De subventione pauperum,* publié dix ans après la mort de Bosch, est considéré comme une prise de conscience. Aussi pionnier qu'il fût, Vives croyait néanmoins encore que la pauvreté était imposée par Dieu.
Deux dessins (conservés à Bruxelles et à Vienne) représentent nombre d'éclopés. Ces feuilles ont été attribuées tantôt à Pieter Bruegel* l'Ancien, tantôt à Jérôme Bosch. La maison d'édition Aux Quatre Vents de Hieronymus Cock (1507-1570) a publié quelques estampes où Jérôme Bosch est mentionné comme auteur *(inventor),* dont *Les Mendiants* d'après le dessin de Vienne.

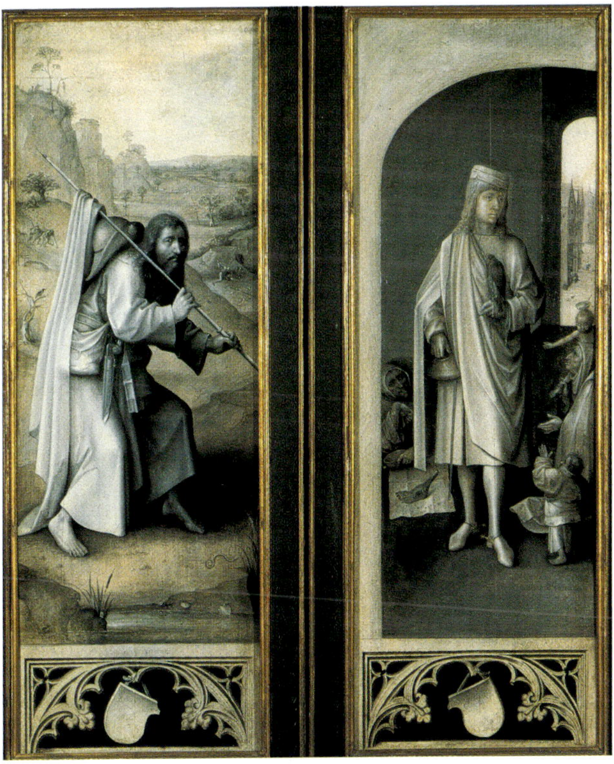

Le Jugement dernier
(triptyque fermé)
Huile sur bois.
Vienne,
Akademie
der Bildenden
Künste.

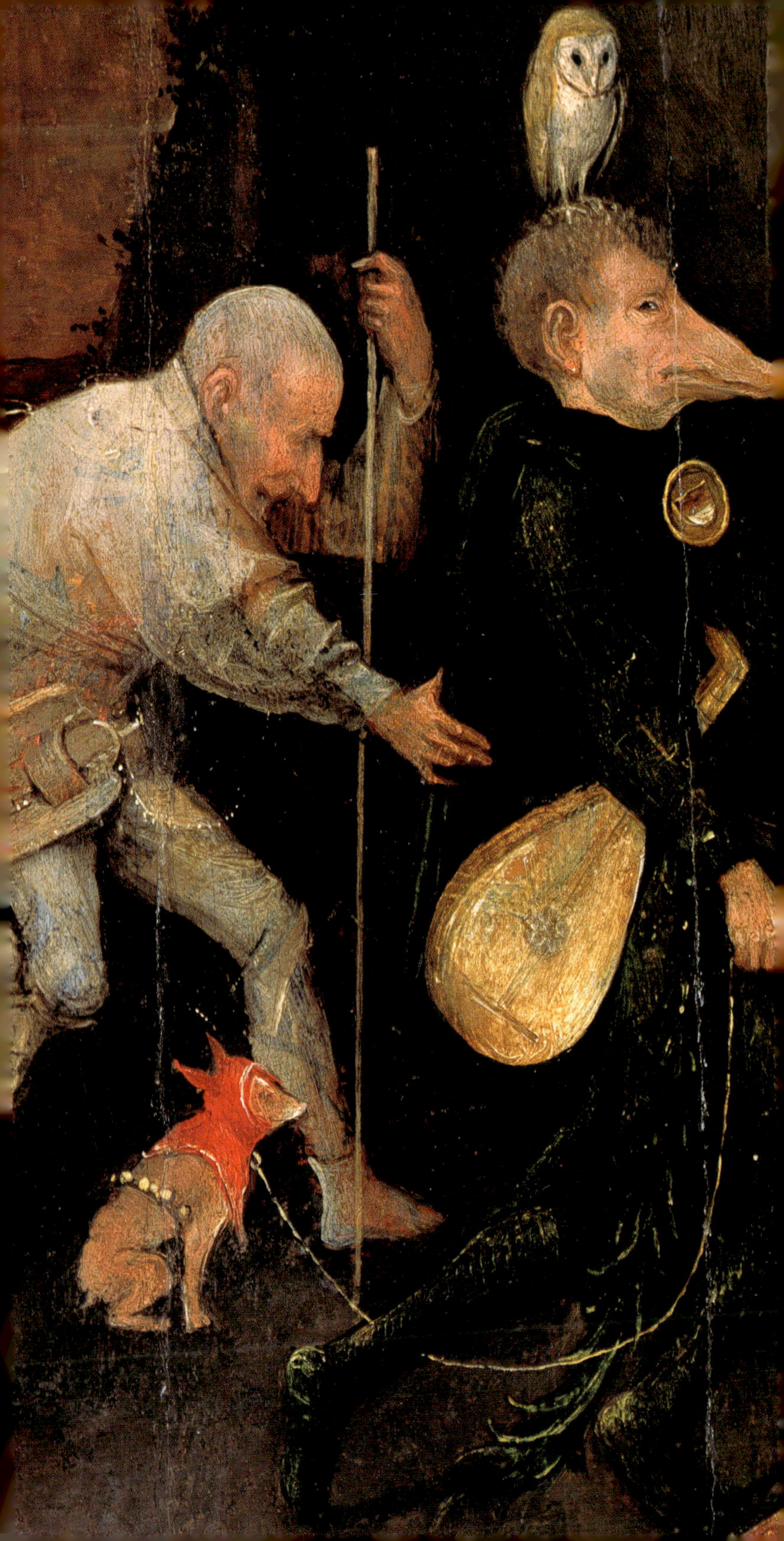

Monstres et tératologie

Les ordonnances contre les mendiants* stipulaient parfois que les mesures proclamées ne s'appliquaient pas aux boiteux ; or ceux-ci n'avaient souvent que la mendicité pour survivre. Les estropiés avec leurs béquilles et leurs petits animaux dressés faisaient partie de la vie quotidienne. Mais, en comparaison avec Pieter Bruegel* l'Ancien, qui a peint chaque chose avec une incroyable précision, Bosch était moins « reporter » d'images. En 1507, un auteur allemand déclarait que les bêtes nées avec une malformation représentaient une sévère admonition à l'encontre des « unmenschlichen viehischen Sitten », c'est-à-dire des mœurs abjectes et indignes de l'Homme. Selon Albert le Grand (vers 1193 ou 1206-1280), les démons pouvaient créer des animaux monstrueux, mais seulement avec le consentement de Dieu.

Les boiteux et les culs-de-jatte, Bosch les diabolise comme il diabolise toute la « racaille ». Sans doute croyait-il que la dégénérescence du corps n'était que la forme visible de la dépravation morale. Quantité de monstres boschiens sont impossibles. Or, c'est précisément en cela qu'ils sont diaboliques. Ce qui nous frappe toujours chez eux, cinq siècles après qu'ils ont été créés, c'est la vivacité de leur impossible nature ! Bosch s'est substitué au diable* pour appliquer « une orthopédie en sens inverse ».

La manipulation biologique qui, à présent, fabrique des monstres bien vivants n'actualise-t-elle pas l'œuvre de ce génial bricoleur de monstres ?

La Tentation de saint Antoine (détails du panneau central). Huile sur bois Lisbonne, Museu de Arte Antiga.

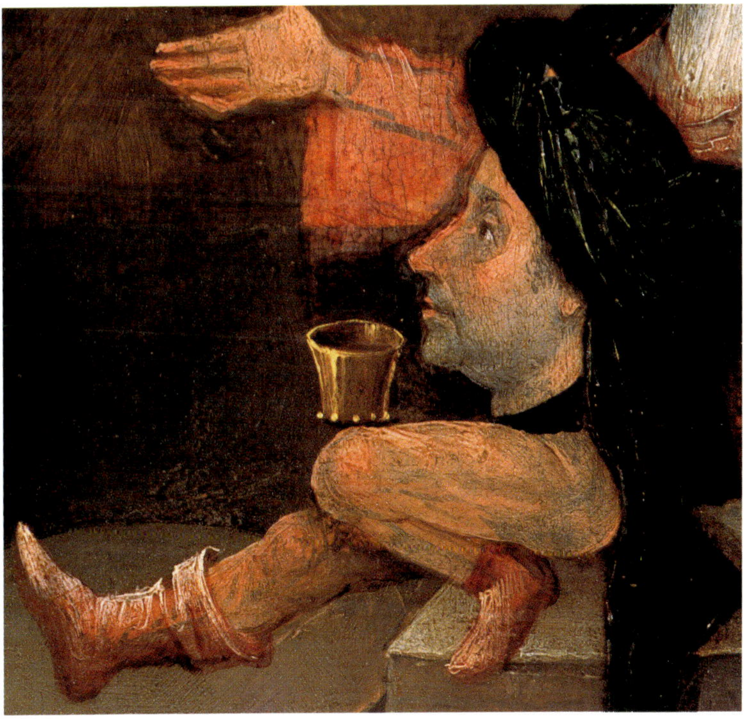

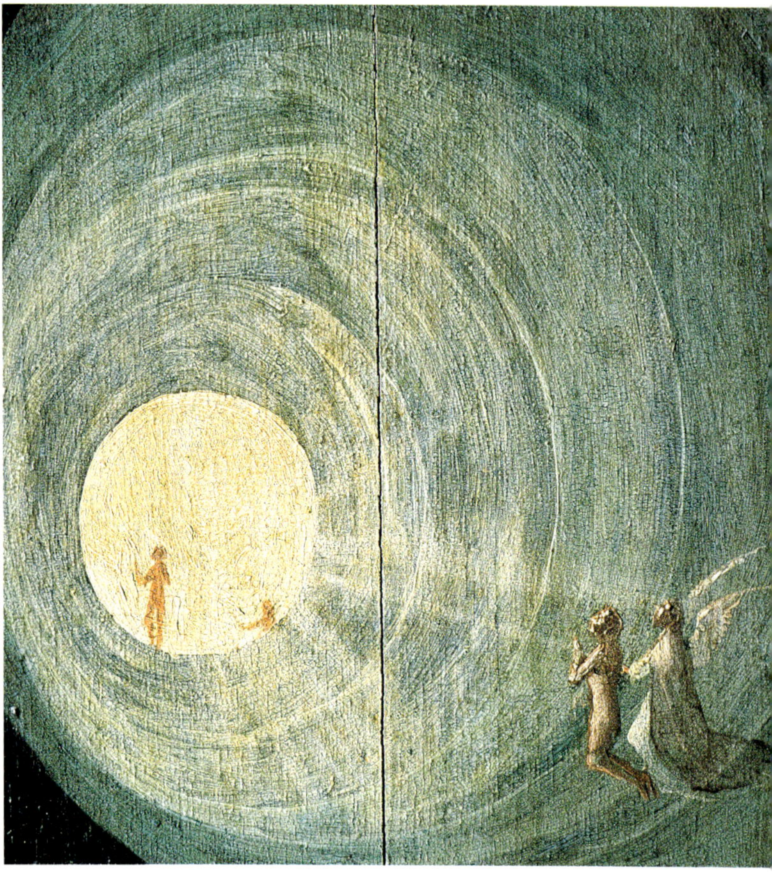

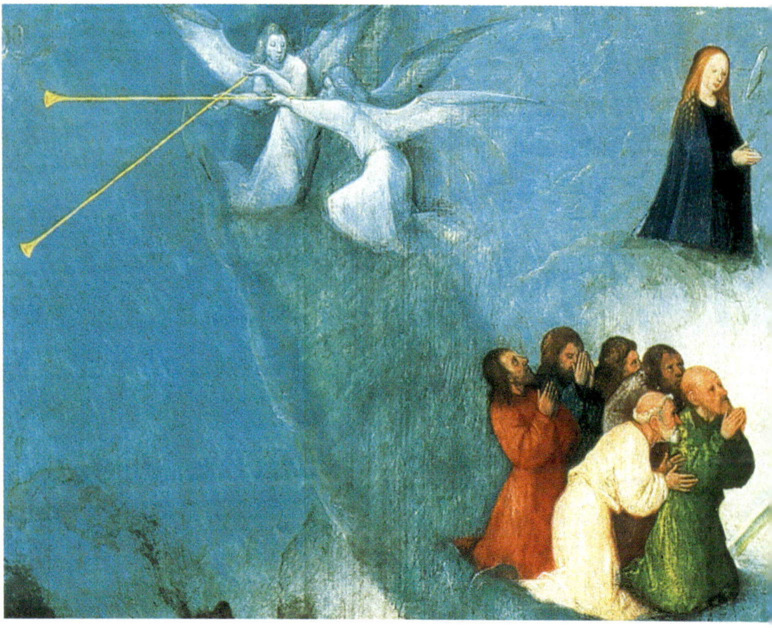

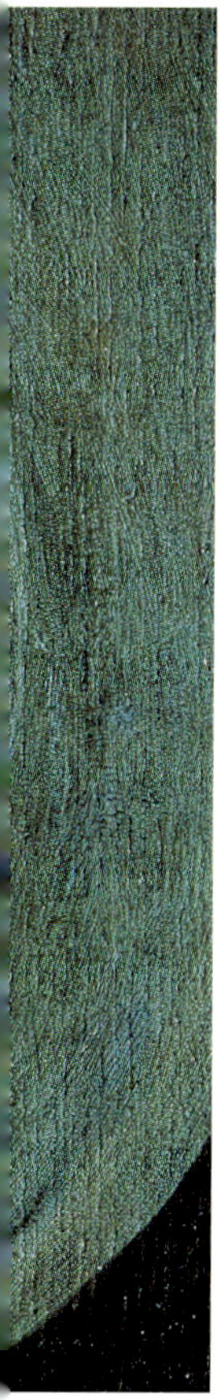

L'Ascension des bienheureux (détail). Huile sur bois. Venise, Palazzo Ducale.

Paradis

L'Écriture sainte mentionne deux paradis : le terrestre et le céleste. Le Paradis terrestre, ou jardin d'Éden, correspond selon la Genèse au jardin des délices où Dieu plaça Adam, dont il créa ensuite Ève. Ce premier couple humain en fut chassé, suite à la faute commise en mangeant le Fruit défendu.

Jérôme Bosch a représenté le Paradis terrestre sur le volet gauche du *Chariot de foin* (Madrid), sur le volet gauche du prétendu *Jardin des délices* (Madrid) et sur le volet gauche du *Jugement dernier* (Vienne). Dans les trois cas, la conception de Bosch est saisissante. Son Paradis terrestre est un lieu hanté, corrompu ; le maléfique y règne, même avant la création d'Ève.

Le Paradis céleste est mentionné dans le Nouveau Testament. C'est le lieu où les Élus, c'est-à-dire les âmes des justes et des bienheureux, jouissent de la béatitude éternelle, en compagnie des anges et des saints.

Bosch a représenté le Paradis céleste, ou plutôt l'entrée du Ciel, sur le double volet gauche d'un *Jugement dernier* (Venise) dont la partie centrale a disparu. Reconnaissons que le Seigneur y a parcimonieusement choisi les bienheureux. Décidément, Bosch était beaucoup plus intéressé par l'Enfer*.

Pays-Bas

Les anciens Pays-Bas ont fait partie du duché de Bourgogne. Les Pays-Bas méridionaux

Le Jugement dernier (détail du panneau central). Huile sur bois. Vienne, Akademie der Bildenden Künste.

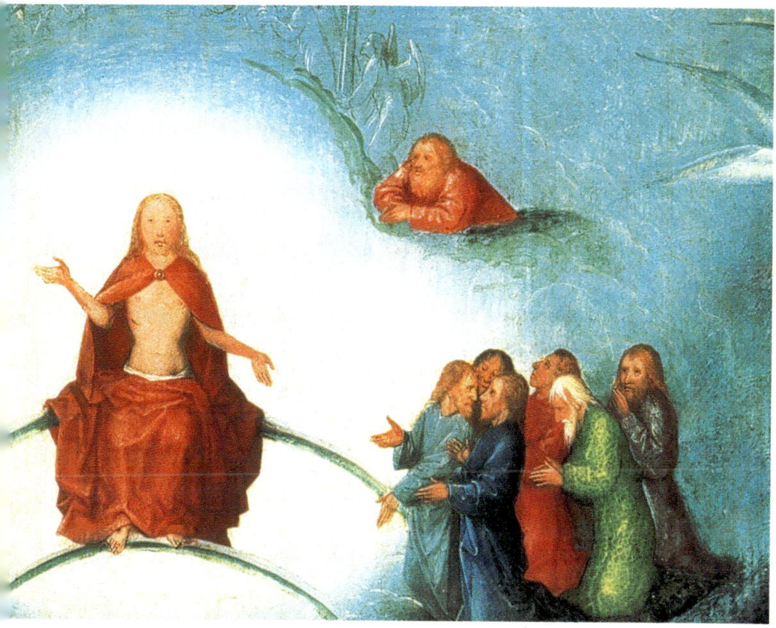

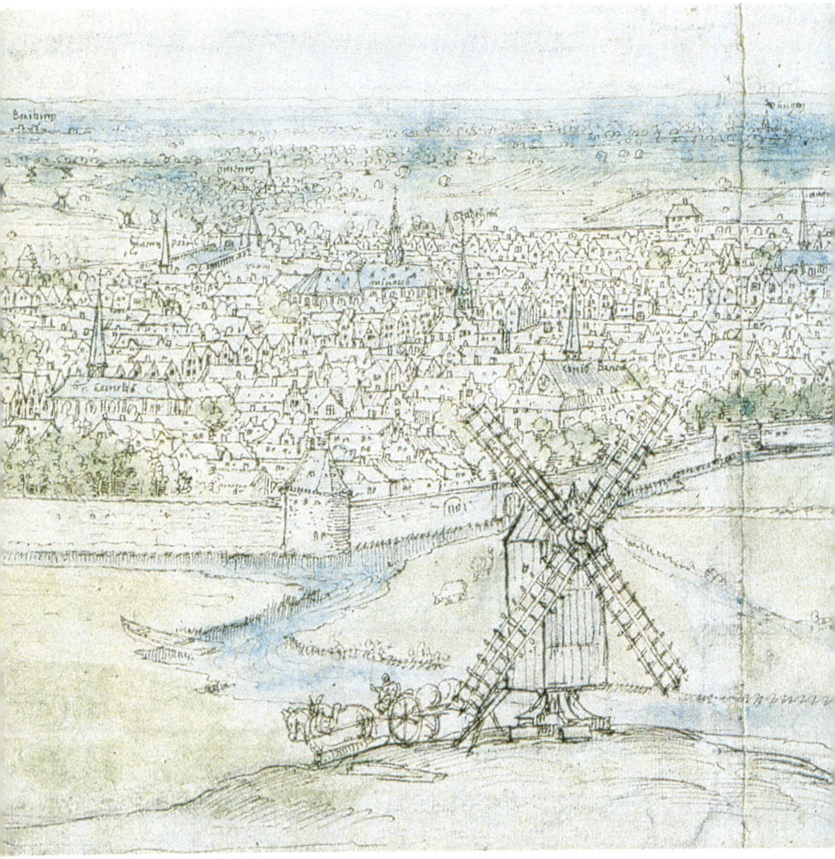

Anthonie van den Wijngaerde, *Panorama de Bois-le-Duc depuis le sud, 1540-1550.* Plume à l'encre brune et aquarelle. Oxford, The Ashmolean Museum.

étaient composés de la Flandre et du Brabant ; les Pays-Bas septentrionaux incluaient la Hollande, Utrecht, la Gueldre, l'Overijssel, la Drenthe, la Frise et Groningue.

En 1555, l'empereur Charles Quint abdiqua en faveur de son fils Philippe II*. L'attitude intransigeante de ce dernier vis-à-vis de la Réforme fut à l'origine d'un conflit qui donna lieu à un mouvement d'iconoclasme (1566), suivi d'une répression sanglante. La révolte des gueux eut pour conséquence la constitution de la Hollande en républiques des Provinces-Unies, dont Guillaume Ier d'Orange devint stathouder. Suite à cette évolution politique, le Brabant fut coupé en deux parties, le Nord incorporé aux Pays-Bas, le Sud intégré à la Belgique.

'S Hertogenbosch (Bois-le-Duc) était à l'époque une ville du Brabant, donc située aux Pays-Bas méridionaux. C'est dans cette ville que Hieronymus van Aken naquit, vécut et mourut, et dont il tira son nom de peintre : Jérôme Bosch.

■ Philippe II (Valladolid 1527 - Escurial 1598)

En 1555, à Bruxelles, l'empereur Charles Quint abdiqua solennellement de son pouvoir sur les anciens Pays-Bas* en faveur de son fils Philippe II.

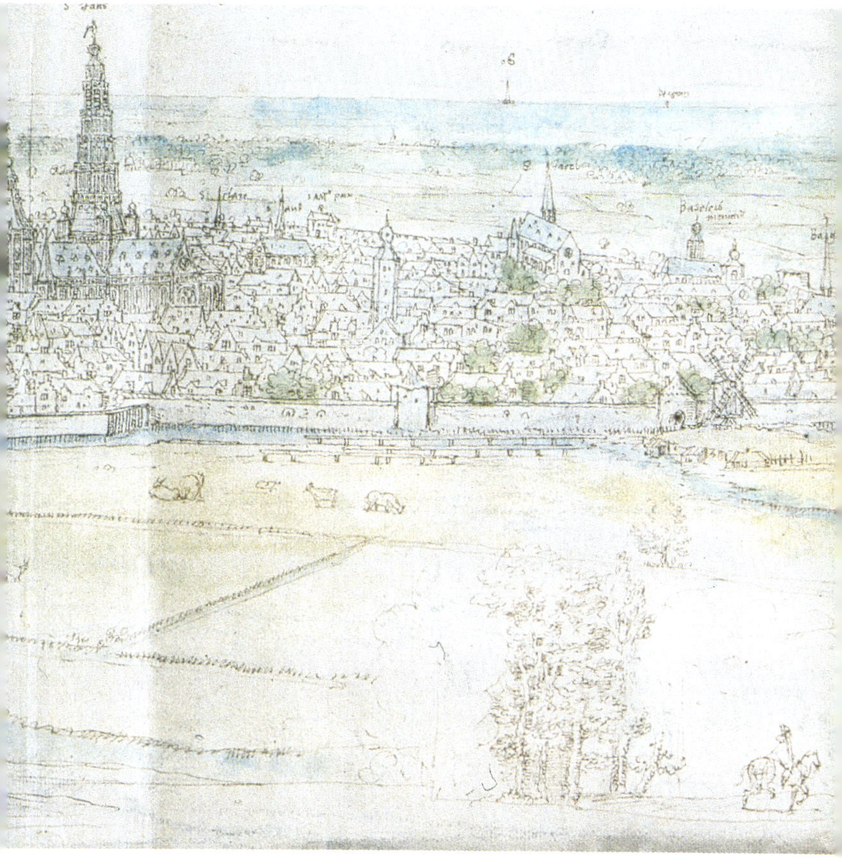

Le nombre d'anecdotes de bon augure sur l'empereur témoigne de la popularité qu'il eut. Son fils, en revanche, éduqué en Espagne, très pieux et confit dans l'étiquette, devint un souverain shakespearien. En quelque sorte précurseur de l'absolutisme, il régnait seul, investi du pouvoir par Dieu.

On sait que Philippe II appréciait beaucoup les œuvres de Jérôme Bosch. Des inventaires associent le nom du roi avec cinq tableaux : *Le Portement de Croix* (Madrid), *L'Adoration des mages* (Madrid), *Le Couronnement d'épines* (Escurial), le prétendu *Jardin des délices* (Madrid), et *Les Sept Péchés capitaux et les Quatre Fins dernières* (Madrid). Fray José de Siguenza* nous apprend que ce dernier tableau se trouvait dans les appartements du roi («en el aposento de su Magestad») à l'Escurial.

Soulignons que l'attribution de certaines de ces peintures doit être vérifiée.

À la lumière des convictions inébranlables de cet admirateur royal, la présomption de tendances hérétiques clandestines au sein de ces œuvres semble assez discutable. Fray Siguenza n'affirmait-il pas résolument que le roi Philippe II n'eut jamais admis des œuvres hérétiques à l'Escurial?

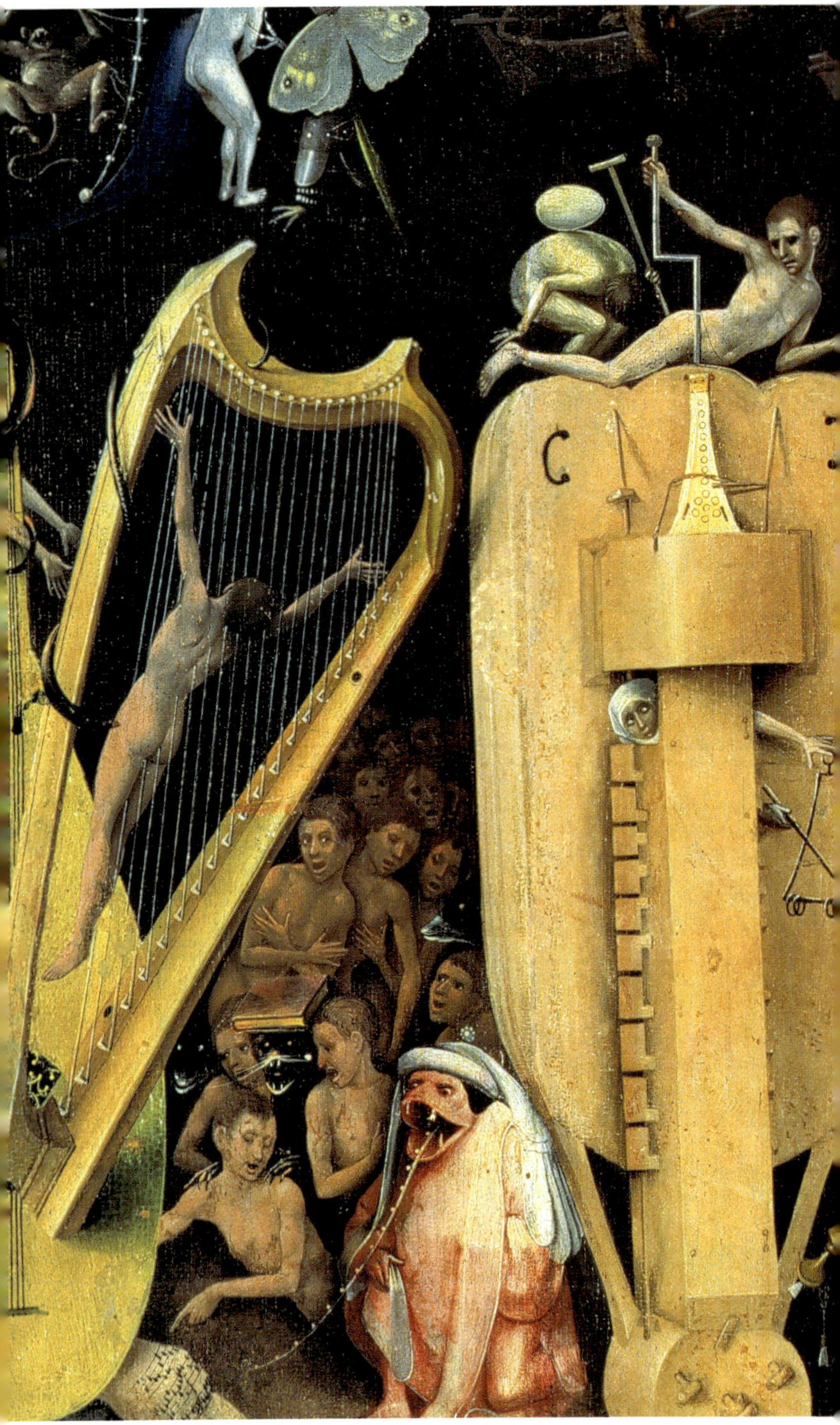

Psychanalyse

En 1855, un auteur secondaire estimait que les tableaux de Jérôme Bosch sont l'œuvre d'un *distempered brain,* un esprit dérangé. À son tour, Max Rooses, grand spécialiste de Pierre Paul Rubens, qualifiait la peinture de Bosch de « maladive » (1880). Von Würzbach affirmait, lui, que le peintre est remarquable, tant sur le plan de la pathologie que sur celui de l'histoire de l'art (1906).

L'approche freudienne de l'œuvre de Bosch apparaît dans les années 1930. Citons parmi les premiers articles psychanalytiques celui de Theodor Reik, paru en 1936 dans un quotidien d'Amsterdam. Selon l'auteur, Bosch était probablement un névrosé au plus haut degré : sa peinture l'aurait sauvé de la névropathie. Sans doute s'était-il identifié avec ses saints en proie aux pires tentations : fils obéissant de l'Église, citoyen exemplaire, voire petit bourgeois, mais craignant l'assouvissement de ses désirs. Le caractère sadique de ces désirs trahirait sa peur d'une punition immédiate et surtout celle du châtiment infernal. Dans cette lutte sans merci entre les désirs inconscients et l'angoisse, les adversaires se substituent parfois l'un à l'autre. À ce peintre pieux, le péché aurait alors paru soudainement la seule chose désirable : dans son subconscient, il se serait révolté contre le Saint Sauveur ; la façon dont il avilit les ennemis du Christ en témoignerait. Bosch n'était pas à même de se libérer de l'angoisse propre à l'esprit de l'époque.

En 1937, Charles de Tolnay publia sa monographie sur Bosch. Il écrit que dans *Le Jardin des délices* (Madrid), le peintre « ne se contente pas d'emprunter à la tradition plastique et littéraire, ni de faire appel à sa propre imagination, mais, précurseur de la psychanalyse, il use de toute sa pénétration pour puiser dans sa mémoire et dans son expérience les éléments de ces symboles* de rêves, dont la portée est aussi vaste que le genre humain. Bosch trace un tableau saisissant des désirs refoulés. »

Depuis lors, l'œil des auteurs, ou celui du public, est attiré par tous les détails qui, dans une profusion de scènes boschiennes, se prêtent à une lecture freudienne. Formes pointues, objets tranchants, membres sectionnés, corps écartelés, creux et cavités et, finalement, à peu près n'importe quoi est interrogé avec le soupçon, voire la conviction, que toute signification courante renvoie à une autre signification qui, elle, est camouflée, voire refoulée.

Dans les scènes que Bosch nous propose, on peut déceler tout ce qui évoque les « anomalies », comme le sadisme, le sadomasochisme, la pédérastie, la sodomie, la bestialité, etc. Fréquemment, il a été émis l'idée que l'artiste s'était défoulé.

En 1977, Alain Jouffroy fit la remarque suivante : « Les thèses psychanalysantes sur les œuvres de Bosch nous apportent sans doute de nombreux renseignements sur la psychologie de leur auteur. » Rappelons que Bosch n'a jamais entendu parler du *Jardin des délices* ; le titre est moderne. Signalons en outre que *L'Excision de la pierre de folie* (Madrid), dont l'attribution est actuellement contestée, a été interprétée comme une opération de castration.

Inutile de dire que le triptyque* du *Jardin des délices* est exploité

Le Jardin des délices (détail du volet droit). Huile sur bois. Madrid, Museo Nacional del Prado.

comme une source inépuisable pour des lectures et des interprétations psychanalytiques. Qu'on le veuille ou non, le triptyque ouvert peut servir comme abécédaire de l'érotisme et de la sexualité, ce qui implique qu'une étude sur l'œuvre de Bosch ne peut ignorer l'approche psychanalytique. Au demeurant, elle est légitime au même titre que toute autre méthode, comme par exemple les recherches historiques, les comparaisons stylistiques ou l'examen de laboratoire. L'utilité de chaque méthode réside dans l'interprétation des données observées ou révélées. L'identification d'un pigment ou d'un détail vestimentaire fournit des indications d'ordre chronologique que l'expertise doit évaluer – donc interpréter – à sa juste valeur. Le pigment et le détail vestimentaire appartiennent-ils à l'état d'origine du tableau, ou s'agit-il d'une restauration ? Le pigment et le détail vestimentaire identifiés sont, pour l'investigateur, des données vérifiables. Par contre, le psychanalyste, placé devant *Le Jardin des délices,* ne dispose d'aucune donnée vérifiable. Il croit dévoiler la manifestation du subconscient ou même de l'inconscient de l'artiste et en tire argument pour reconstituer la personnalité et l'état d'âme de celui qui a créé l'œuvre.

On constate que les objections faites contre les thèses psychanalysantes, ainsi que ces thèses elles-mêmes, ont été formulées par des auteurs qui n'étaient pas psychanalystes. Donc par des auteurs incompétents en la matière? La question évoque sur le champ une question parallèle : le psychanalyste est-il compétent en matière d'histoire de l'art?

Examinons à titre d'exemple une petite scène située dans l'enfer* représenté sur le volet droit du prétendu *Jardin des délices.* Vêtu d'un capuchon, un homme monte sur une échelle. Détail insolite : il a une flèche dans l'anus! L'exposé du psychanalyste sera percutant et long.

De son côté, l'historien doit attirer l'attention sur une locution que l'on trouve dans les *Proverbia communa,* imprimés en 1480. Voici la version en moyen-néerlandais de cette métaphore franchement vulgaire : « Menich maect een roede tot sijn selfs eers » (« Souvent les gens se taillent une verge pour se la mettre dans le cul »). La locution incongrue est peu connue, bien qu'elle soit reprise dans certains dictionnaires de néerlandais moderne. Remarquons en outre que sa signification est restée inchangée depuis l'époque de Bosch, à savoir : on est souvent à l'origine de sa propre punition. Donc, tout porte à croire que Bosch nous montre ici un damné qui se trouve en enfer par sa propre faute. Comme le personnage porte sur l'épaule gauche un bâton auquel est attachée une cruche, le peintre semble suggérer que la faute en question était l'ivrognerie.

Ainsi, la publication en 1480 d'une locution spécifique constitue un élément historique vérifiable que l'historien utilise pour saisir la signification qu'avait l'image auprès des contemporains de Bosch. Soulignons qu'à défaut de cet élément historique vérifiable, l'image demeure en quelque sorte une devinette.

Ceci dit, la lecture psychanalytique de l'imagerie de Bosch peut-elle nous apprendre

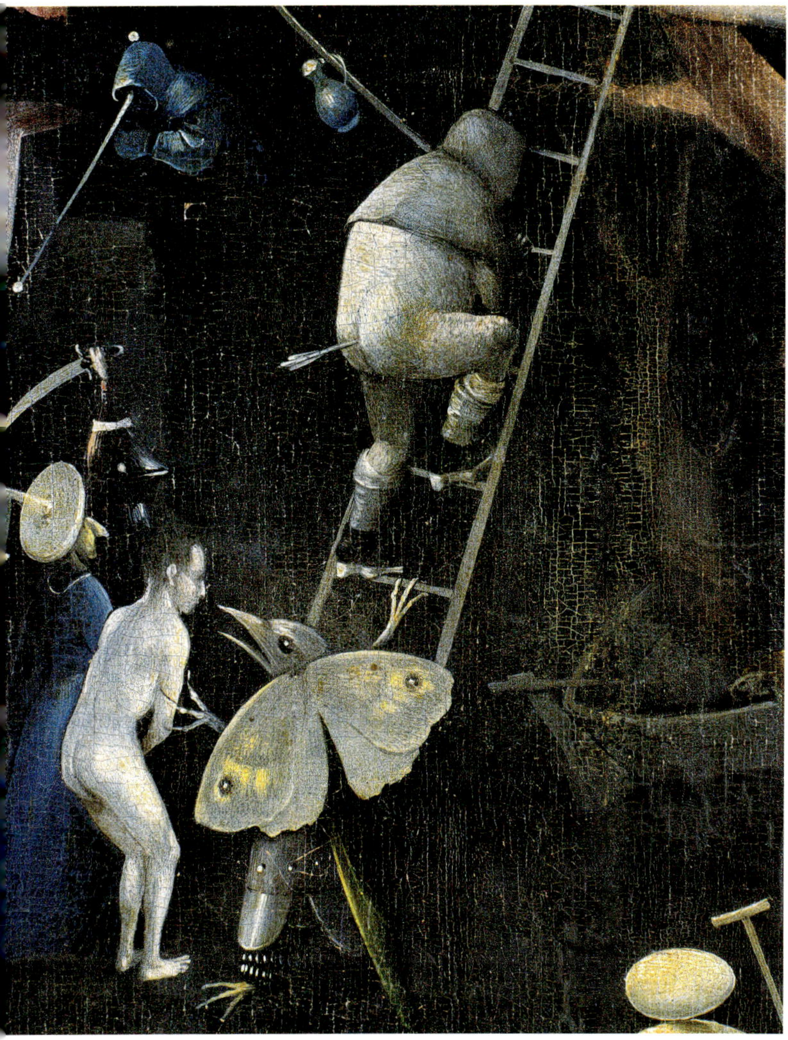

quelque chose sur la personnalité du peintre ? Comment la psychanalyse apprécie-t-elle des textes comme ceux-ci : « la demoiselle, du nom de Fermeté, vêtue d'outremer, cloue les pieds de Jésus à l'arbre » et « la demoiselle Crainte ou Angoisse, vêtue de gris, cloue le bras droit ». Ces textes, édifiants quant à leur aspect cruel pour de la littérature* dite pieuse, sont extraits d'un traité de 1488, intitulé *Gheestelike kintscheyt (Enfance spirituelle),* destiné à un public de religieuses. Placé devant des images qui ont cinq siècles, le psychanalyste ne se trouve-t-il pas devant les mêmes obstacles que l'historien ou tout autre investigateur ? La lecture psychanalytique est-elle valable si l'auteur des images ne peut être interrogé ? Il appartient aux psychanalystes de répondre.

Si nul n'est indifférent devant les œuvres de Jérôme Bosch, les regarder sans préjugés reste relativement difficile et leur interprétation est assurément une entreprise délicate. Bosch serait-il le seul à même de confirmer ou d'infirmer nos interprétations ?

Le Jardin des délices (détail du volet droit). Huile sur bois. Madrid, Museo Nacional del Prado.

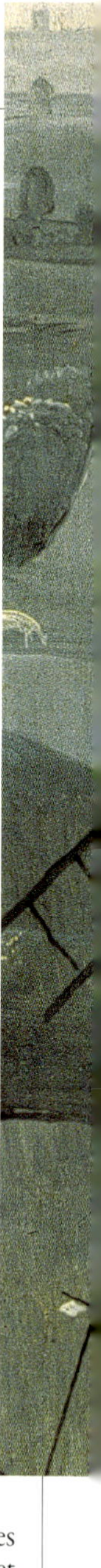

RELIGION ET RÉFORME

Dans les anciens Pays-Bas*, on connaît des ordonnances contre les blasphémateurs qui remontent au XIVe siècle. En 1517, quinze mois après le décès de Jérôme Bosch, Charles Quint publia à Bruxelles, donc en Brabant, un *Placart contre les Blasphematevrs.* Une première condamnation pour blasphème pouvait être réglée par une amende; la deuxième était un châtiment bien plus grave : « estre pillorisé ou esschauffauldré, & avoir la langue persée » ; et la troisième valait d'« estre batu & fustigué de verges par les quarrefours des villes [...] et après banny à tousiours, à peine de la hart & sans rappel ».

Remarquons que le délit incriminé n'était que blasphématoire; il ne s'agissait donc pas de propos athées.

Aujourd'hui en Occident, la religion est considérée comme une matière strictement privée. Tout un chacun a le droit soit d'adhérer à la confession de son choix, soit de s'abstenir d'une telle adhésion et de vivre comme agnostique ou athée. Cette liberté compte parmi les acquis les plus importants de la civilisation occidentale. Confortablement installés dans notre autonomie spirituelle, nous sommes plutôt mal placés pour évaluer le *Placart* de 1517 à sa juste valeur. Que la religion demeure un appui pour beaucoup de gens, il n'y a pas lieu d'en douter, mais l'objet de l'étude qui nous occupe est situé dans le passé, en l'occurrence la seconde moitié du XVe siècle et le premier quart du XVIe.

Bosch a vécu dans une société dont le quotidien était imprégné de religion. L'impiété de l'individu était une affaire fâcheuse dans laquelle tout le monde était impliqué, car la foi traduisait la vision collective sur le présent et sur l'au-delà : elle était indispensable pour localiser l'Homme dans l'univers.

Il y avait l'enseignement du Christ et il y avait l'Église; l'Église et le clergé*, le message et la pratique. La perversion des ecclésiastiques, leur cupidité et leur vie dissolue, bref, leur mauvais exemple, est ce que Bosch dénonce. En agissant de la sorte, il était en bonne compagnie, celle d'Érasme par exemple. La Folie* ne réprimandait-elle pas les théologiens, les religieux et les moines, les évêques et les cardinaux, les souverains pontifes et les prêtres (chapitres 53, 54, 57-60) ? Le commerce des indulgences était sans doute le grief principal des croyants. L'Église offrait même la possibilité d'imputer le bénéfice des indulgences sur le compte des défunts. La querelle des indulgences *(Ablaß Streit),* jumelée avec de nouvelles thèses théologiques, était à la base de la révolte de Martin Luther (1483-1546), fondateur de la doctrine luthérienne, appelée plus tard « protestantisme ».

Soulignons que la Réforme a commencé comme un conflit au sein même de l'Église romaine : un mouvement de réveil religieux. De nos jours, on parlerait d'intégrisme. La répression, entamée sous Charles Quint, connut ses années les plus terribles sous Philippe II* avec deux vagues d'iconoclasme et des exécutions en masse. L'ampleur des événements tragiques tout au long du XVIe siècle démontre jusqu'à quel point la religion était une affaire qui concernait toute la population et, politiquement, une affaire d'État.

La critique violente à l'encontre des ecclésiastiques remonte au XIIIe siècle. Bosch a vécu la pré-Réforme. Luther a dû comparaître devant le chapitre des augustins deux ans après la mort du peintre. Il n'y a cependant aucune indication historique qui permet d'associer Bosch avec un mouvement dissident. D'autant que son œuvre tout entier est imprégné de la foi chrétienne.

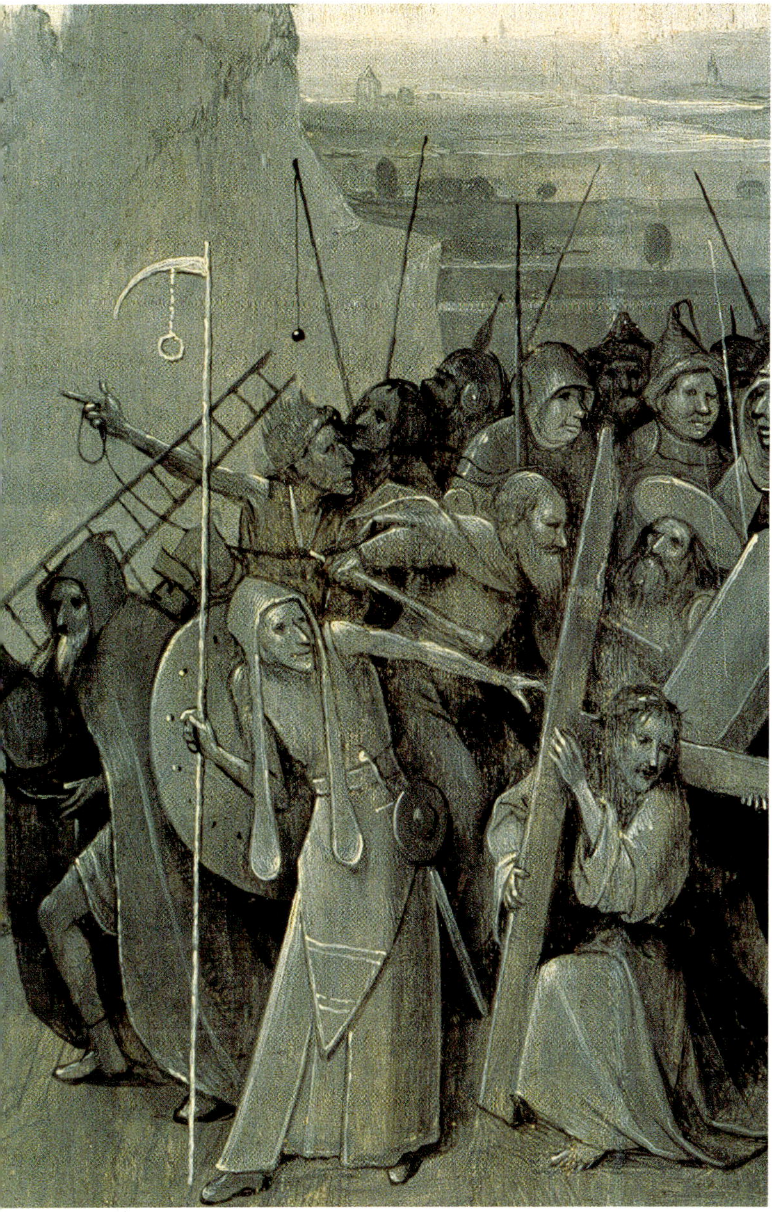

Renard

Placés devant le *Saint Jérôme* au musée des Beaux-Arts de Gand, peu de visiteurs se rendent compte de sa présence : recroquevillé et la pointe de sa queue touchant son museau, le renardeau semble profondément endormi. Enfoui dans les tons bruns du coin inférieur gauche, il passe inaperçu. Et cependant, il est à l'avant-plan !

Parcourir un recueil de sermons destinés à un auditoire de religieuses n'est pas une lecture tonifiante. Par acquis de conscience, mais craignant l'effet soporifique, l'historien s'exécute et commence à feuilleter un manuscrit d'un certain

Le Portement de Croix, détail du triptyque fermé de *La Tentation de saint Antoine.* Huile sur bois. Lisbonne, Museu de Arte Antiga.

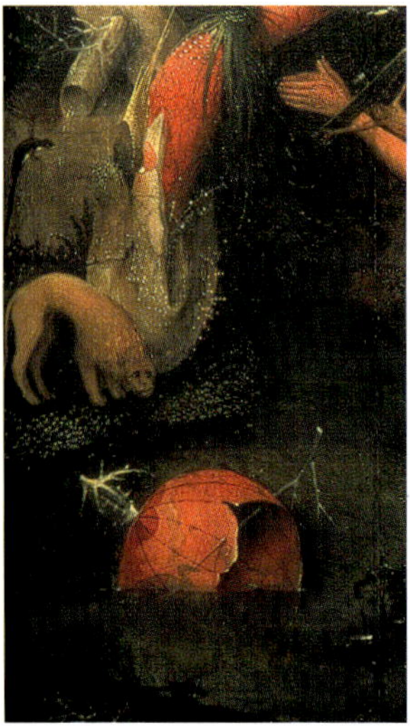

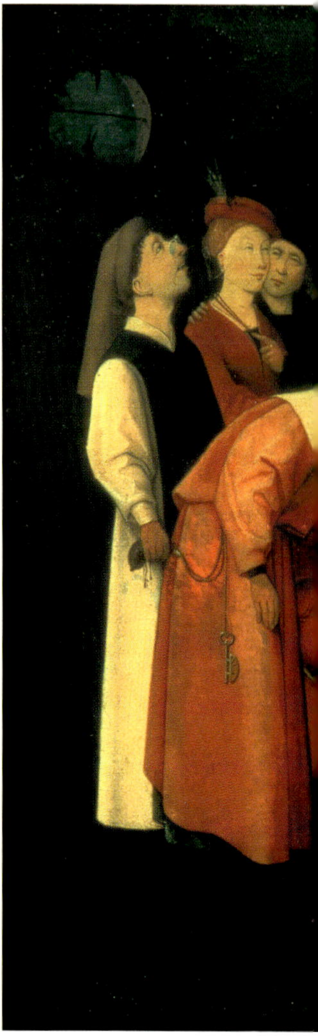

Jan van Froenhoven, daté de 1544. En réalité, il s'agit d'un recueil de sermons prêchés par un théologien brabançon du nom de Jan van Paschen. L'homélie la plus ancienne date de 1507. Le théologien s'exprima à la communauté des carmélites de Vilvorde, près de Bruxelles, en ces termes : « par l'atelier il faut entendre le dortoir ; c'est là qu'il faut veiller, c'est là que tu dois attendre les grands voleurs et les renardeaux. Certes les renardeaux sont doux, mais prends garde de ne pas jouer trop longtemps, car à la longue ils vont te mordre. Sache que par le renard il faut entendre des idées impures. Même ayant refusé de passer aux actes, aussi minimes soient-ils, si tu prends plaisir au jeu avec les renardeaux, ils vont te mordre, ce qui veut dire qu'ils vont saccager le vignoble de tes vertus ; dès lors, méfie-toi des renardeaux, chasse-les dès le début, car les renards adultes, tu ne pourras plus les attraper. » Voilà un exemple des symboles* que Jérôme Bosch utilisait pour coder son message.

Ribauderie

Une ordonnance de 1501 est confirmée en 1506. Toutes deux stipulaient « que tous ceulx qu'on appelle Ribaux, Coquins ou Truans (non affollez [= estropiés] de leurs membres & qui vivent de Blitrerie & Truandise) vuydassent en dedans huict jours de notre Pays et Comté de Flandres, sus peine d'estre pilorisez l'espace de quatre heures & après batus & fustiguez & bannis à tousiours de nostre dict Pays. Neanmoins lesdictz Truans frequentent journelement nostre pays en grande

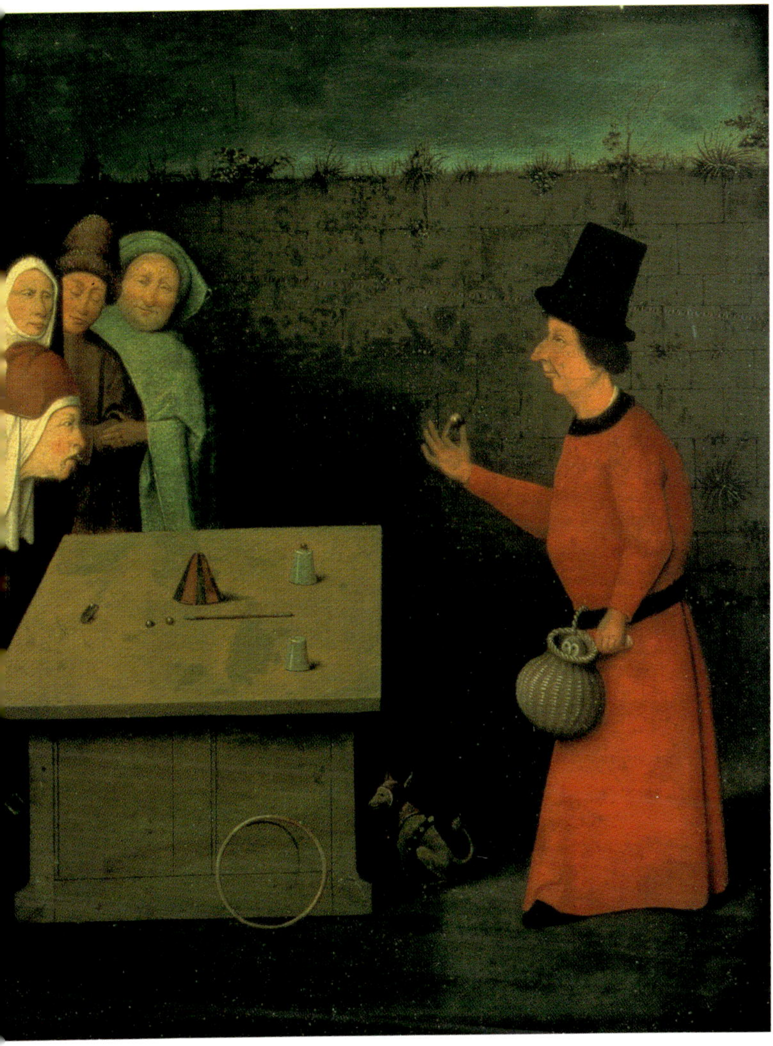

multitude, desrobant & prenant de nos povres subjects ce que bon leur semble… Et se trouvent lesdictz Truans chascun soir ensemble avec leurs Gouges & Ribauldes ês Hospitauls & aucuns petitz Cabaretz… s'enyvrant & faisant grosse chere, le tout par la faulte & negligence des Officiers des lieux […]. »
Ces ordonnances se révélaient évidemment aussi inefficaces que celles contre les mendiants*. Parmi ces ribauds, coquins et compagnie, il y avait tous les gens de sac et de corde, même « le moyne vacabond et gengleur ».

La vitupération des bambocheurs par les bourgeois et les auteurs moralistes était pour ainsi dire un lieu commun. Particulièrement visés étaient les amateurs de jeux de hasard et les *pypers,* c'est-à-dire les joueurs de cornemuse. Les dés et le trictrac (ou jacquet) étaient à l'origine de bagarres dans les tavernes, et la cornemuse était le symbole d'une vie désordonnée. En parcourant les textes de l'époque, on trouve de nombreux passages qui évoquent l'enfer* figuré sur le volet droit du prétendu *Jardin des délices* (Madrid) de Jérôme Bosch.

Attribué à Jérôme Bosch, *L'Escamoteur.* Huile sur bois. Saint-Germain-en-Laye, Musée municipal.

Pages suivantes : *La Tentation de saint Antoine* (détail du panneau central). Huile sur bois. Lisbonne, Museu de Arte Antiga.

Sectes

Wilhelm Fraenger, spécialiste allemand en matière de folklore *(Volkskunde)*, publia en 1947 un ouvrage intitulé *Hieronymus Bosch. Das Tausendjährige Reich*, qui fit sensation. Écrit dans un allemand littéraire recherché, il propose une lecture inattendue de l'œuvre de Jérôme Bosch.

En analysant longuement le prétendu *Jardin des délices* (Madrid), l'auteur démontrait que ce triptyque* était en fait destiné au culte d'une secte hérétique secrète, les Frères et Sœurs du Libre Esprit, secte qui cherchait à réaliser l'accomplissement spirituel de l'Homme par une doctrine de salut à caractère mystique et panthéiste, ainsi que par l'exercice d'un *ars amandi* qui ignorait le péché. Fraenger affirmait que l'iconographie des œuvres de Bosch aurait été conçue par quelque docte mentor, grand-maître de la secte susdite, à savoir Jacques d'Almaengien.

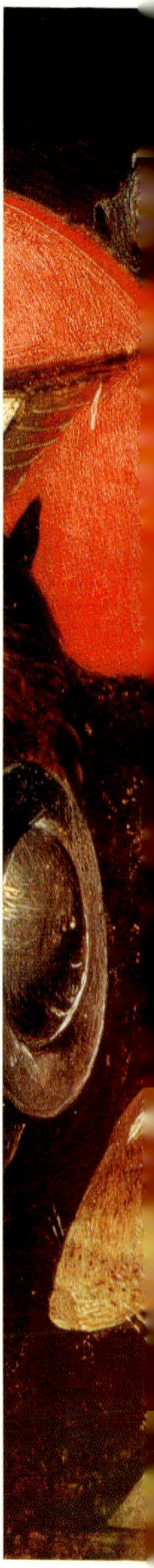

Qu'en est-il de cette secte? Quand et comment elle est née, on l'ignore. À partir de la seconde moitié du XIIIe siècle surgit un mouvement assez disparate : une « Secta spiritus libertatis » ou « Secta liberi spiritus ». Les documents mentionnent encore d'autres variantes du nom. En Brabant, la secte était dénommée « Homines intelligentiæ ».

L'enseignement spirituel du mouvement préconisait l'union parfaite avec Dieu ici-bas, union qui libérait de tout engagement moral et dogmatique. Pénitence, sacrements et prière, résurrection des morts, Jugement dernier, Purgatoire, Ciel et Enfer*, tout était balayé. Une tendance joachimite prétendait que le sauvetage de tous les hommes et même celui du diable* étaient imminents. De l'hérésie* au plus haut degré. Les Frères et Sœurs du Libre Esprit avaient aussi mauvaise réputation à cause de leurs assemblées : les membres de la secte s'adonnaient à des pratiques adamiques auxquelles ils attribuaient un sens spirituel, mais qui donnaient néanmoins lieu à des excès sexuels. Le mystique Ruusbroec (1293-1381) a décrit et combattu l'enseignement de la secte. Dans son traité *Die chierheit der gheesteliker brulocht*, une Bruxelloise du nom de Bloemaardine est violemment prise à partie, selon toute vraisemblance parce qu'elle était une des principales propagatrices de la secte. Le fait que, vers 1410, l'évêque de Cambrai ait chargé le supérieur du couvent de Ruusbroec, à savoir Groenendaal, d'extirper de Bruxelles les séquelles de « cette hérésie des Libres Esprits » prouve que le mouvement n'était pas dissous à l'époque. Probablement suite à cette intervention, un carme fut traduit devant le tribunal épiscopal de Cambrai. Les documents qui ont été transmis, à l'issue de ce procès, nous informent qu'un sexagénaire illettré dirigeait à Bruxelles un groupe de personnes nommé « Homines intelligentiæ ».

Dans les Pays-Bas* septentrionaux, les évêques d'Utrecht ont promulgué des décrets synodaux en 1310, 1318 et 1353. En outre, Geert Grote (1340-1384) de la « Devotio moderna », s'est énergiquement dressé contre la secte vers 1380. Remarquons que tout ceci se situe bien avant l'époque de Bosch.

De Jacques d'Almaengien – probablement d'origine allemande comme son nom l'indique –, on sait qu'il était juif. Il a été baptisé en l'église Saint-Jean à Bois-le-Duc, le 15 décembre 1496, en présence de Philippe Ier le Beau et d'autres personnalités de haut rang. À l'instar de Bosch, il devint membre de la confrérie* de Notre-Dame. Qu'ils se soient rencontrés, c'est plus que probable. Mais rien ne permet de considérer ce juif converti comme grand-maître de la secte du Libre Esprit. La thèse de Fraenger selon laquelle d'Almaengien aurait conçu l'iconographie de l'œuvre de Bosch n'a aucun fondement.

L'obstination avec laquelle cet auteur a développé ses hypothèses dans une profusion de publications est d'ailleurs révélatrice du caractère fantaisiste de son discours. Les thèses de Wertheim Aymès (publiés en 1957 et 1961) sont tout aussi fragiles. Cet auteur croyait avoir trouvé la clé du symbolisme boschien dans l'ésotérisme des Rose-Croix. Christian Rosencreuz, qui mourut en 1484, avait décrit la doctrine hermétique et occulte de la confrérie dans un traité intitulé *Chymische Hochzeit,* mais l'essor des Rose-Croix est situé au XVIIe siècle. Remarquons que l'étude de la fonction* des œuvres de Jérôme Bosch démontre à elle seule le non-sens de ces interprétations sensationnelles.

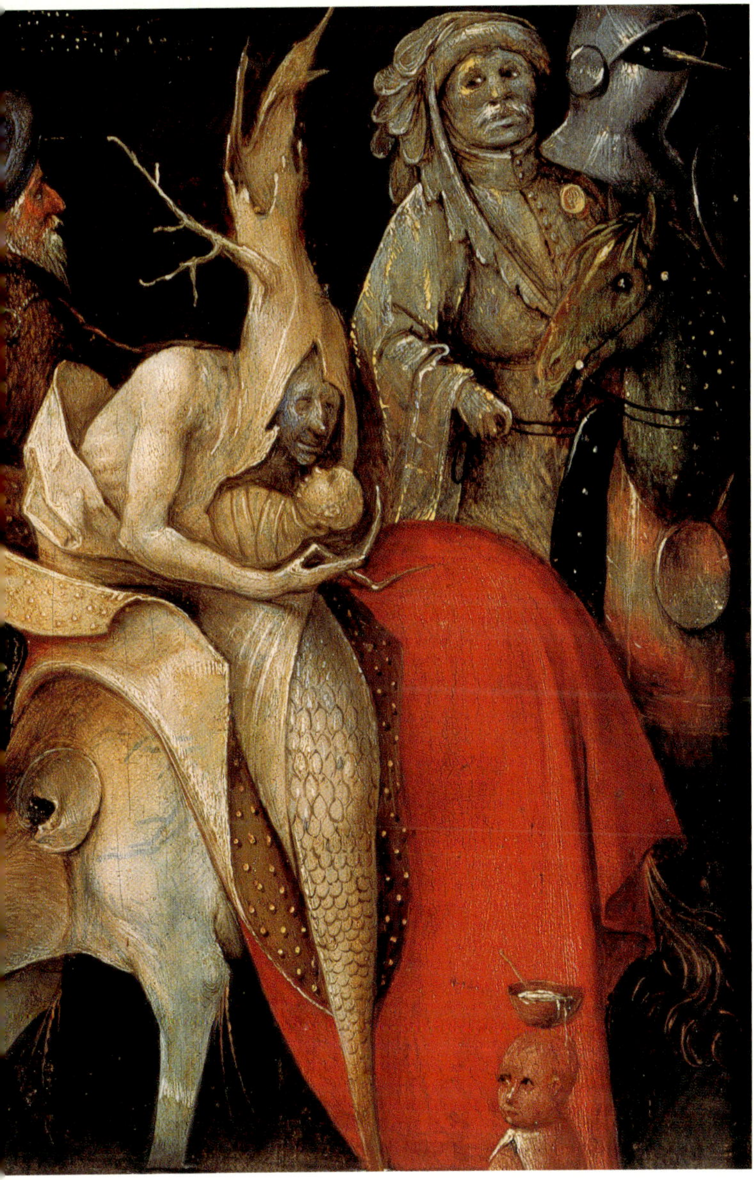

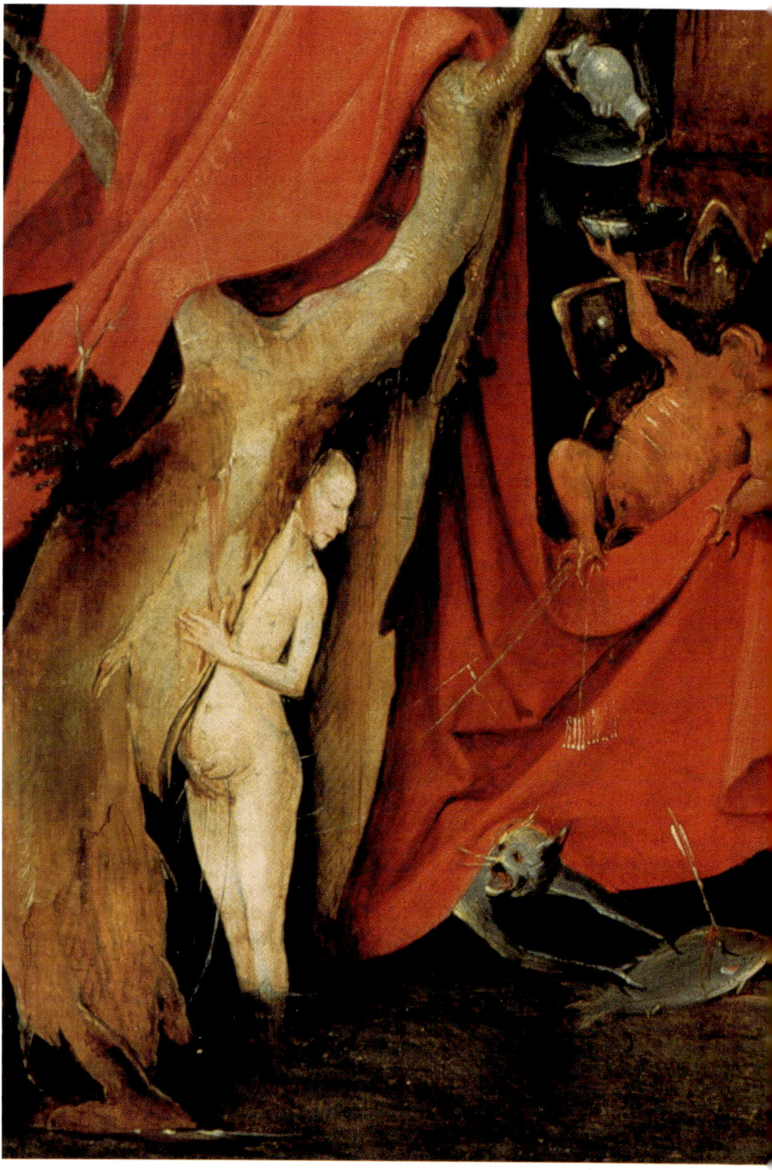

La Tentation de saint Antoine (détail du volet droit). Huile sur bois. Lisbonne, Museu de Arte Antiga.

Sexualité

Au XVe siècle, tout le monde entendait les prédicateurs vitupérer contre les pécheurs, annonçant des supplices* horribles en enfer*. Et celui qui savait lire tombait sûrement sur les mêmes propos en feuilletant un de ces *suverlicke boeckskens,* littéralement « bouquins convenables ». Les textes de l'époque affirment que la sexualité est, de toute façon, une machination du diable*.

Ces considérations remontaient souvent à l'enseignement des saints pères, notamment à saint Jérôme : « Quoi de plus vil que d'être vaincu par la chair ; quoi de plus noble que de vaincre la chair et ses tentations ? » Regarder les femmes, parler aux femmes, écouter leurs chants, être touché par une femme* ou danser, tout était impur et péché. Le diable piégeait les âmes avec la bonne chaire et des habits voyants. L'amour était « un sale petit plaisir charnel » (1515). Le péché de luxure enlevait parfois la force bénéfique du diamant (les pierres précieuses étaient réputées avoir cette qualité), mais il provoquait aussi la colère du Seigneur.

On ne cesse de s'étonner des frustrations et des raisonnements alambiqués de ce temps-là. En 1517, le théologien brabançon Godschalc Rosemondt n'affirmait-il pas que regarder délibérément et avec de mauvaises intentions mille femmes équivaudrait à mille péchés mortels effectivement commis? Le péché charnel obnubilait l'intelligence et la sagesse, même celles des grands savants et des ecclésiastiques. Les hagiographies et les traités moralisateurs racontaient comment les ermites avaient vaincu la tentation de la chair ou suggéraient des mesures prétendues efficaces. Les textes varient entre l'horreur et le ridicule – supporter la puanteur d'un morceau de cadavre en putréfaction ou distribuer des aumônes. Très drôle était surtout la stratégie d'une jeune femme vertueuse, racontée sous forme d'un *exemplum*. Au jeune homme entreprenant, elle promit d'accorder ses faveurs à condition qu'il restât enfermé pendant trois jours et trois nuits. Sortant de la pièce où il avait été retenu, le jeune homme avait le choix entre une table bien fournie et la femme. Selon l'*exemplum*, il aurait déclaré que « le péché avait cessé ».

D'après un texte de 1478, les rapports au sein d'un couple marié étaient soumis à trois conditions : d'abord le désir d'avoir un enfant; ensuite la volonté de régler les dettes réciproques; enfin la nécessité d'éviter l'adultère. Nous n'avons pas d'explication sur ce qu'il faut entendre par des « dettes réciproques ». Les jours de carême étaient également des jours d'abstinence. En outre, l'homme était tenu de s'abstenir quand sa femme souffrait de « sa maladie féminine ». Elle, de son côté, était tenue de repousser son époux pendant cette période, car il était dit que l'enfant né de ces rapports illicites pourrait être aveugle ou lépreux.

Le *Jardin des délices* (Madrid) est sans doute la peinture de Jérôme Bosch qui révèle avec le plus d'acuité les considérations que son temps portait sur la sexualité.

Signatures

On connaît une bonne vingtaine de tableaux munis de la signature de Jérôme Bosch. Or, quelques passages du commentaire de Philippe de Guevara, écrit vers 1560, jettent pour ainsi dire le discrédit sur toutes les signatures. Moins d'un demi-siècle après la mort de Bosch, ce gentilhomme espagnol, qui fut parmi les premiers collectionneurs des œuvres du peintre, parle non seulement de fausses signatures – *falsamente inscripto* –, mais également de copies* qui avaient été suspendues dans une cheminée pour leur donner un aspect authentique et ancien.

De surcroît, il nous met en garde contre un épigone* du maître : soit pour honorer la mémoire de ce dernier, soit dans le dessein de mieux introduire ses propres œuvres, cet épigone signait sans vergogne

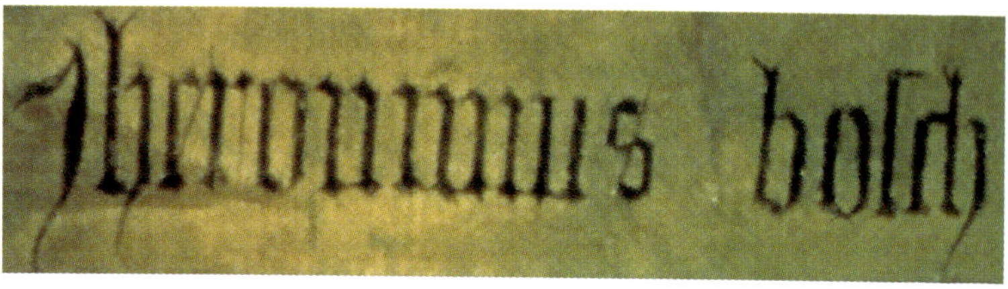

du nom de Bosch (« uno que fué su discipulo, el qual por devoción de su maestro, o por acreditar sus obras, inscribió en sus pinturas el nombre de Bosch, y no el suo »).
En principe, ce problème épineux de l'authenticité des signatures peut être éclairci, voire résolu par l'examen* scientifique.

Siguenza (José de)

Le bibliothécaire de l'Escurial, fray José de Siguenza, a publié en 1605 un ouvrage intitulé *Historia de la Orden de S. Geronimo,* dans lequel il donne des commentaires au sujet de « Geronimo Bosco ». L'auteur déclare vouloir s'attarder sur Jérôme Bosch parce qu'il considère que l'œuvre passe injustement pour « disparates », c'est-à-dire drolatique (une appréciation publiée en 1582). En outre, de Siguenza estime que Bosch est injustement accusé d'hérésie*. Pour lui, le peintre se penchait sur les mystères de la foi chrétienne, et ses œuvres témoignent en fait d'une grande sagesse et d'un grand art. Elles doivent être considérées comme une vaste satire du péché : Bosch était le seul à peindre l'Homme tel qu'il est en lui-même.
Le bibliothécaire fait aussi une comparaison avec la poésie « macaronique » de Teofilo Folengo, moine italien mieux connu sous son pseudonyme, Merlin Coccaie.
Plus importantes sont ses interprétations de deux triptyques, à savoir *Le Chariot de foin* (Madrid), qu'il explique en se référant à la Bible (Esaïe et les Psaumes), et le prétendu *Jardin des délices* (Madrid), dont il fournit le titre ancien : *De la*

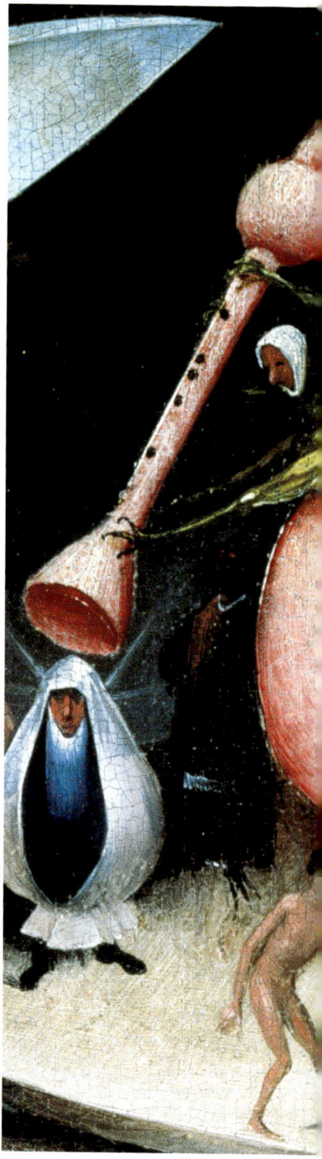

gloria vana y breve gusto de la fresa o madroño (De la vanité et du goût éphémère de la fraise ou du fraisier).*
Le témoignage de fray de Siguenza est certes incontournable. Constatons toutefois qu'au moment de la rédaction de son ouvrage, Bosch était enterré depuis plus de quatre-vingts ans. Selon les règles fondamentales de la critique historique, le passage de l'*Historia de la Orden de S. Geronimo* ne peut donc être traité comme une source directe ; ce n'est pas pour autant une raison de l'ignorer.

Le Jardin des délices (détail du volet droit). Huile sur bois. Madrid, Museo Nacional del Prado.

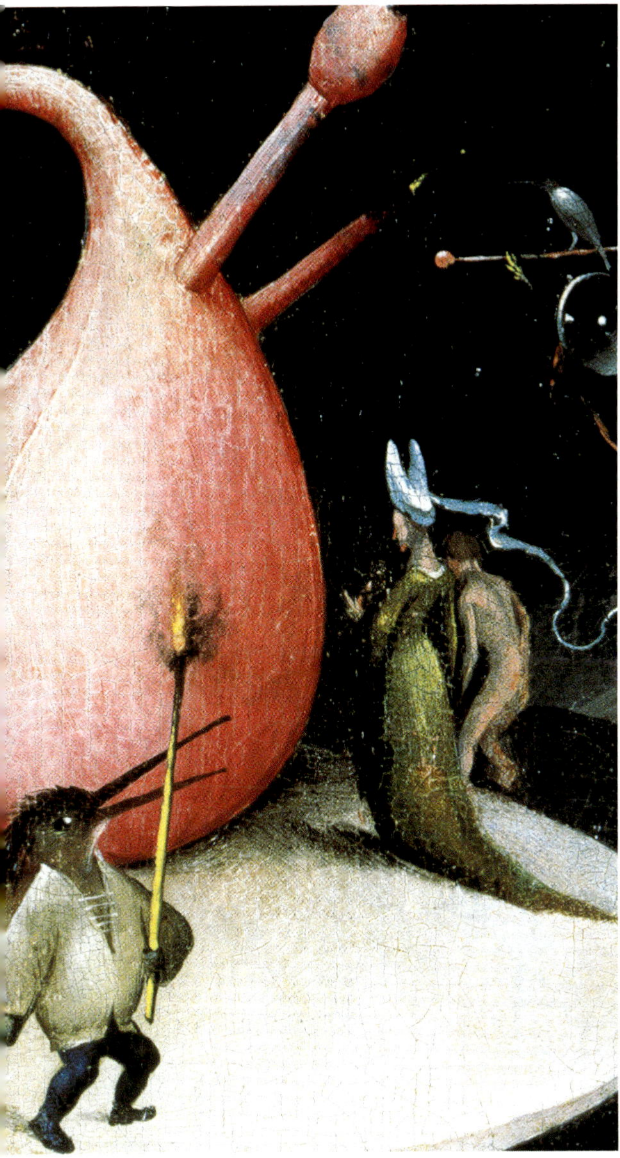

Double page suivante : *La Tentation de saint Antoine* (détail du volet gauche). Huile sur bois. Lisbonne, Museu de Arte Antiga.

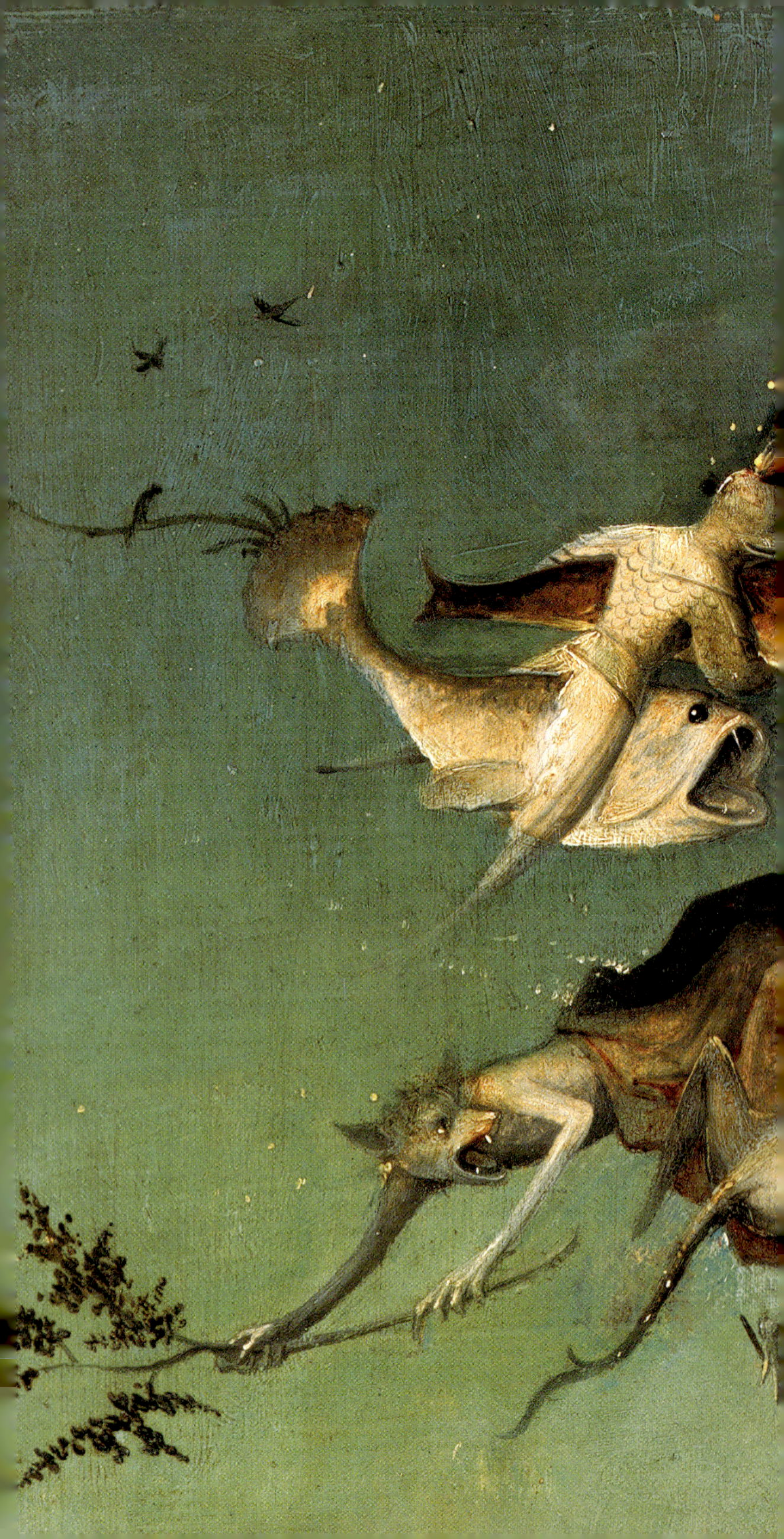

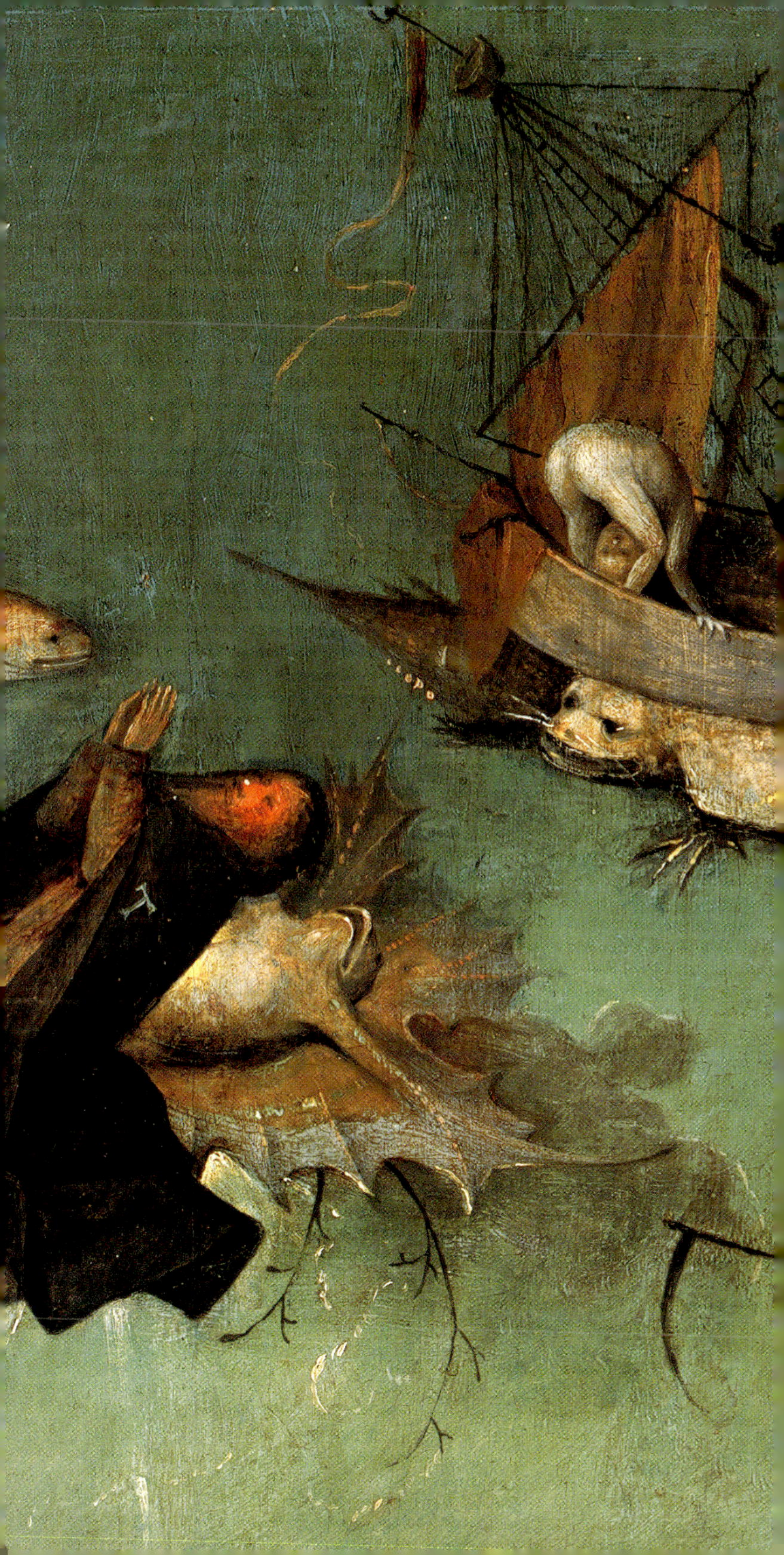

La Tentation de saint Antoine (détail du volet droit). Huile sur bois. Lisbonne, Museu de Arte Antiga.

Sorcellerie

Dans le *Marteau* des sorcières* (1487) est émise la déclaration suivante : « ne pas croire à l'existence des sorcières est le comble de l'hérésie* ». Le rapprochement entre la sorcellerie et l'hérésie a été établi par le pape Jean XXII en 1326.
Les textes de l'époque emploient le terme de *gookelaers,* qui signifie illusionnistes ou prestidigitateurs ; or l'exposé fait dans le *Marteau des sorcières* traite entre autres de magie et de nécromancie. En réalité, la distinction n'était pas nette entre la magie et la superstition*, ni entre le sortilège et la magie. Le point commun à tout ceci était le diable*.
L'image imprimée la plus ancienne d'une sorcière se rendant au sabbat à cheval sur un balai se trouve dans un ouvrage publié en 1489. Jérôme Bosch a donné d'autres interprétations de la même scène, notamment sur le triptyque* de *La Tentation de saint Antoine* (Lisbonne).

Superstition

La superstition est assez difficile à définir. Le mot désigne des

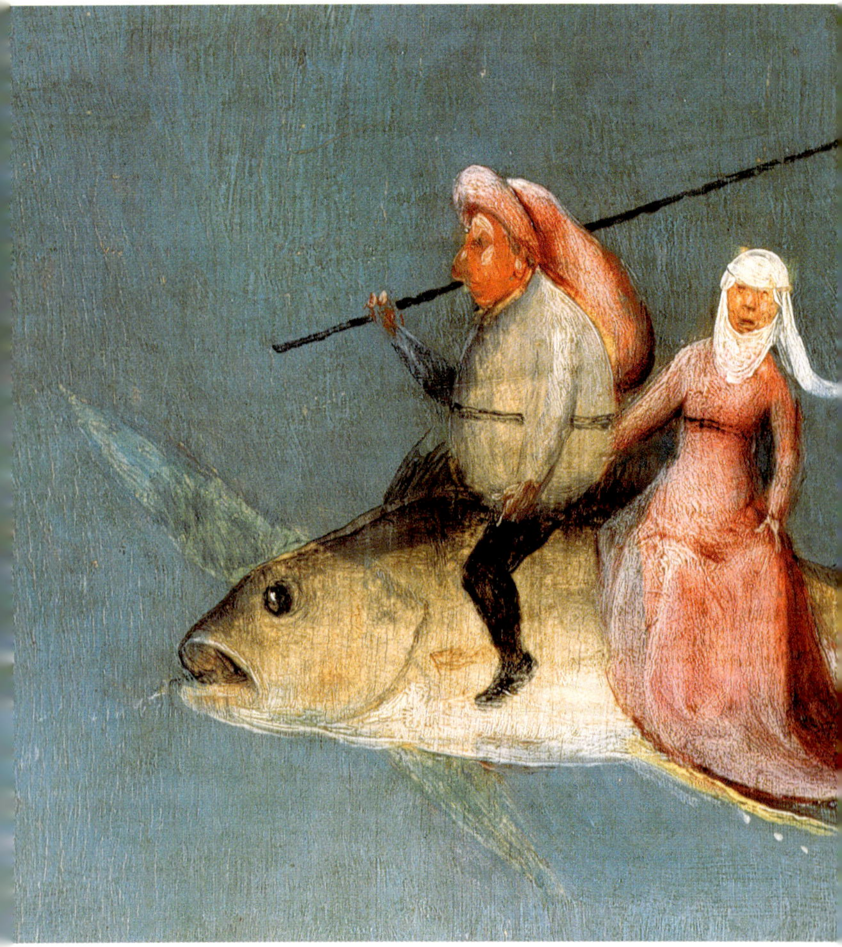

comportements, des croyances, des actions ou opérations servant à conjurer des influences maléfiques ou à favoriser des événements heureux. C'est tantôt une perversion, voire une caricature de la religion*, tantôt une des nombreuses variantes du fétichisme. Elle touche l'hérésie*, la crédulité, l'idolâtrie, la magie, la sorcellerie*, la divination* (telle la chiromancie) et, en général, tout ce qui est considéré comme occulte.

Selon *Den groten herbarius (Le Grand herbier),* édité en 1514, le *bijvoet,* c'est-à-dire le millepertuis (ou herbe de Saint-Jean, *Artemisia vulgaris*) protège la maison contre tout préjudice causé par le diable*, et toute personne qui porte la racine de cette herbe autour du cou est à l'abri des animaux vénéneux. Ce n'est qu'un petit exemple d'un fétichisme qu'on croyait pouvoir reléguer dans les vitrines du musée de folklore. Or, il s'avère que ce sont des convictions perdurables.

Vers la fin du Moyen Âge, au seuil des temps modernes, la profession de foi que suivait la population tout entière était manifestement contaminée par la superstition. Le culte des reliques, la vénération des saints et les pèlerinages ont certainement contribué à la propagation de la superstition. Ou faut-il présenter les choses dans le sens inverse : à quel moment la dévotion* devient-elle superstition ?

Écoutons Érasme dans l'*Éloge de la folie* : « [...] chaque pays réclame pour son usage un saint particulier. Il lui confère des attributions propres, établit ses rites distincts. Il en faut un pour guérir le mal des dents, un autre pour délivrer les femmes en couches ; il y a celui qui retrouve les objets volés, celui qui apparaît au naufragé et le sauve, celui qui protège les troupeaux, et ainsi des autres, car l'énumération n'en finirait pas. Certains cumulent les pouvoirs, particulièrement la Vierge, mère de Dieu, à qui le commun des hommes en attribue presque plus qu'à son Fils. »

Trouve-t-on dans l'œuvre de Jérôme Bosch des scènes traitant de la superstition ? À l'avant-plan du panneau central du *Chariot de foin* (Madrid), on voit une tsigane qui pratique la chiromancie, mais sa présence

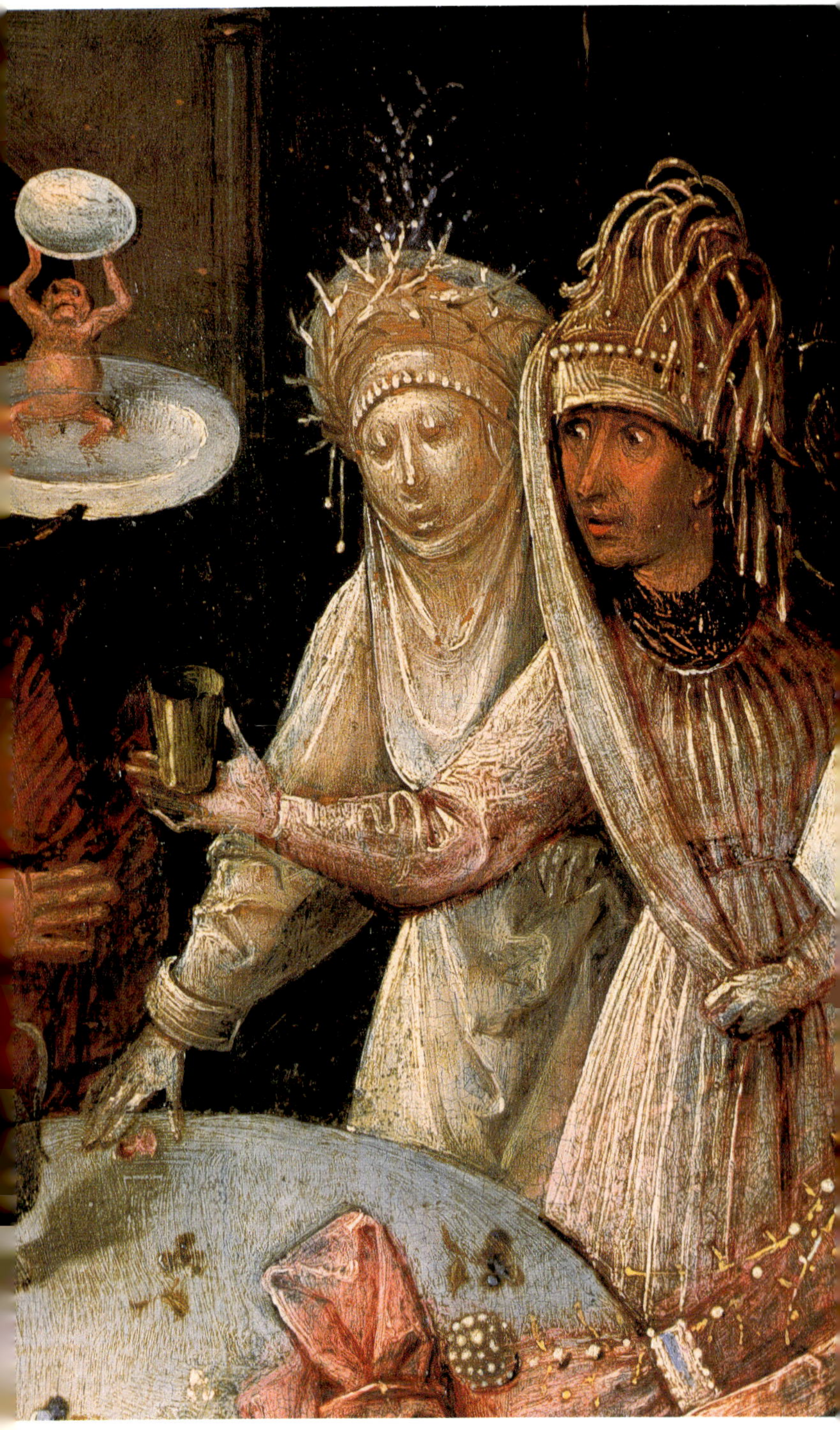

s'inscrit visiblement dans le contexte d'une condamnation de la cupidité.
Le moment où Bosch évoque la superstition d'une façon prononcée est sans doute dans la représentation qu'il donne d'une « messe noire » sur *La Tentation de saint Antoine* (Lisbonne).

Supplices

Voici quelques supplices représentés par Jérôme Bosch et dont l'application est confirmée par des documents historiques.

Gémonies, pilori

Pour les Pays-Bas* méridionaux, 460 piloris ont été répertoriés dont il reste 180 exemplaires (complets ou fragments). Un accusé voué aux gémonies était accablé publiquement. En principe, la population était invitée à lui exprimer son mépris. Exposée de la sorte, la personne incriminée était non seulement insultée, mais aussi souillée de boue et d'ordures.
Un texte anversois de 1493 nous informe au sujet du supplice du panier : « Les ribauds qui jouent aux dés seront mis au pilori, puis suspendus dans un pannier au-dessus de l'eau d'où ils doivent se libérer. En cas de récidive ils seront cloués au pilori par une oreille et des clous de fer. Et ils n'auront qu'à s'arracher du pilori. » À en juger d'après une ordonnance communale, les ribauds, c'est-à-dire les gens de mauvaises mœurs, étaient cloués au pilori dès 1360 ; leurs délits : le parjure ou le jeu de dés.

La Tentation de saint Antoine (détails du panneau central). Huile sur bois. Lisbonne, Museu de Arte Antiga.

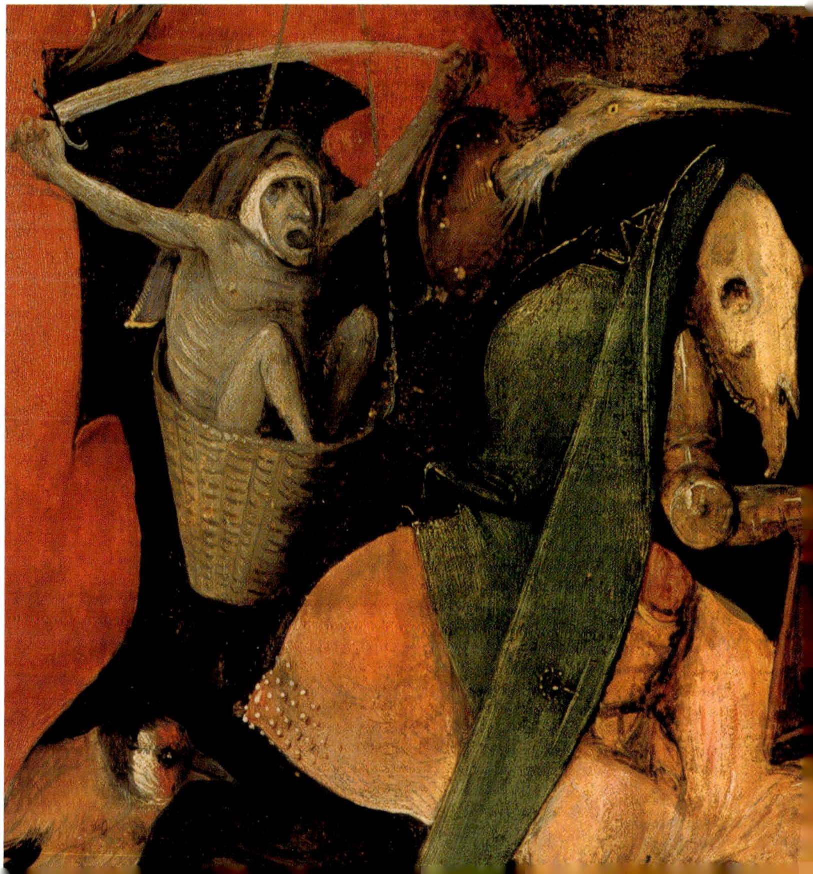

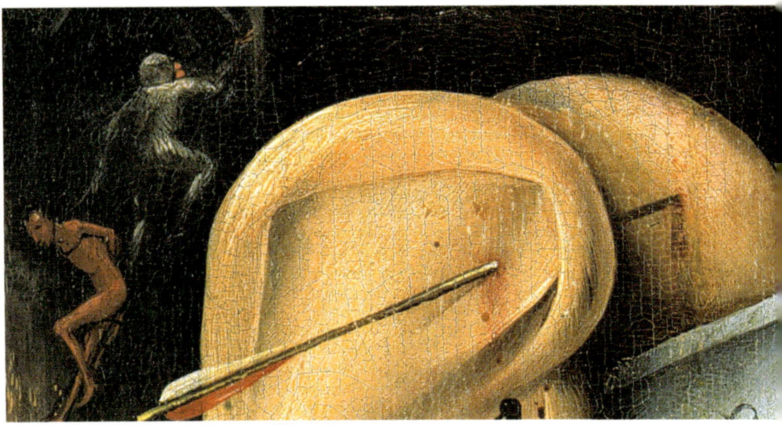

Le Jardin des délices (détail du volet droit). Huile sur bois. Madrid, Museo Nacional del Prado.

Mutilations

Concernant les mutilations, les Ordonnances du bailli et des échevins de Bruxelles, décrétées en 1342, stipulent : « Celui qui blesse jusqu'au sang avec un poignard, un couteau ou une autre arme tranchante, sera frappé d'une amende de dix écus. Si le prévenu ne peut payer cette amende, sa main sera poignardée avec un couteau et il sera banni de la ville pour une durée d'un an. » Selon les sentences prononcées à Roermond, entre 1427 et 1577, et selon le code pénal de Jean Boutillier, le voleur avait une oreille tranchée, mais au-delà d'une certaine somme, il était voué au gibet. La même mutilation était infligée à un voleur de Bruges en 1486. Des documents brugeois mentionnent aussi des mains tranchées.

Exécution

En matière d'exécution, on doit à Bosch un « reportage » ahurissant sur les lieux patibulaires : les grisailles peintes sur les volets fermés de *La Tentation de saint Antoine* (Lisbonne). L'exécution pour des délits de droit pénal se faisait généralement par pendaison ou décapitation, éventuellement par strangulation. Le cadavre était souvent déposé sur une roue et la tête empalée. Sur les grisailles susmentionnées, on voit une tête d'homme embrochée à une branche pointue. La coutume voulait que l'instrument du délit fût attaché soit à la potence, soit à la roue à côté du supplicié. Ici, le petit pot indique très probablement que le malfaiteur a été décapité pour le délit de pyromanie.

Tout cela n'appelle qu'un seul qualificatif : sadique. Les supplices infernaux que Bosch semble avoir empruntés à la littérature* de son temps – comme, par exemple, la *Vision de Tondale* –

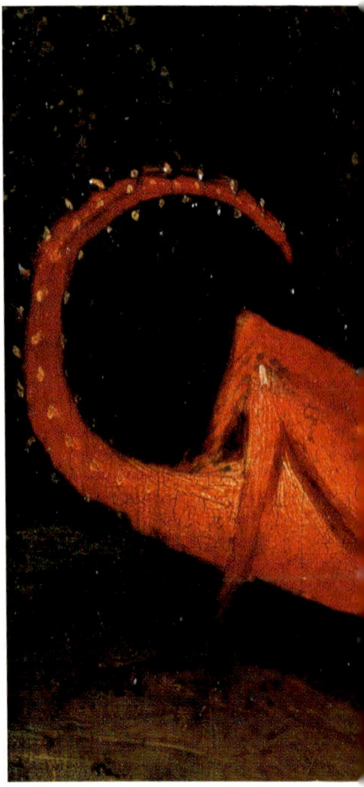

sont tout aussi sadiques. Bosch était-il donc sadique bien avant le marquis de Sade? Il appartient aux spécialistes de la psychanalyse* d'y répondre. Constatons entre-temps que la justice* de l'époque témoigne d'une perversité innommable. En 1568, deux hommes furent décapités à Bois-le-Duc; les têtes ont été empalées sur des perches et les corps « sijn de vrouwen t'huys gesonden », ce qui veut dire que la justice ordonna de déposer les cadavres chez les veuves.

Surréalisme

Jérôme Bosch était-il surréaliste? Il faut bien avouer que plusieurs scènes, dispersées dans son œuvre, ont un caractère surréaliste. Encore faut-il s'entendre sur ce qu'on appelle « surréaliste ».
Parle-t-on de l'insolite? De la cruauté ou de visions oniriques? On peut trouver tout cela aussi bien chez Bosch que chez les artistes qui appartiennent au surréalisme, mouvement qui prit son essor en Europe dans les années 1920.
Des oiseaux hypertrophiés bien au-delà de la taille humaine : chez Bosch, la trouvaille qui consiste à renverser les proportions normales est surréaliste. René Magritte n'aurait-il pas emprunté à Jérôme Bosch sa méthode lorsqu'il peignit une pomme touchant à la fois le plancher et le plafond d'une chambre?
Cependant, les différences existant entre les œuvres de Bosch et de Magritte sont fondamentales. L'art du second est une critique saisissante de la perception. Il rend les choses illogiques de la façon la plus logique. L'art de Bosch exprime une eschatologie chrétienne, liée et interprétée par son époque.

Double page suivante :
Le Jardin des délices (détail du panneau central). Huile sur bois. Madrid, Museo Nacional del Prado.

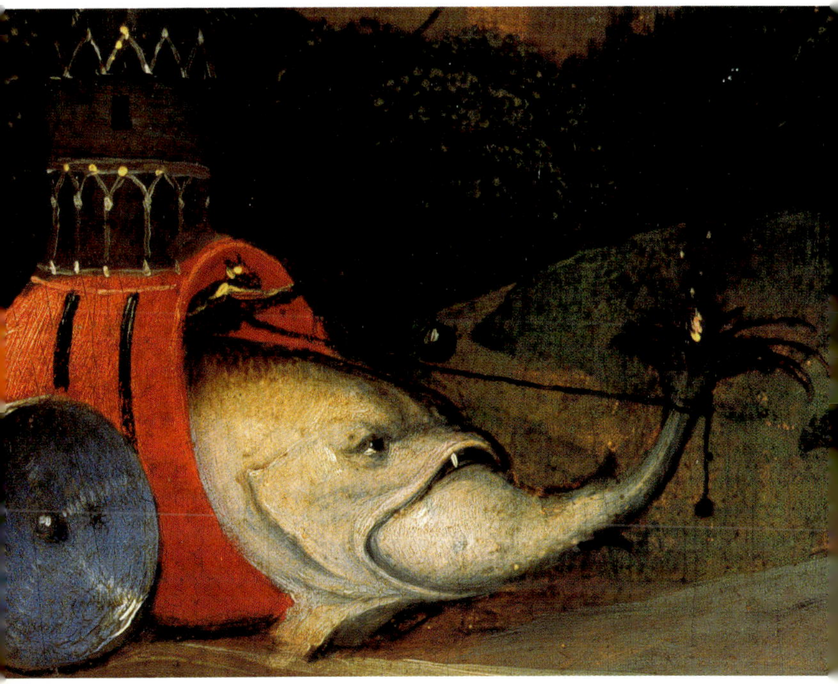

La Tentation de saint Antoine (détail du volet gauche). Huile sur bois. Lisbonne, Museu de Arte Antiga.

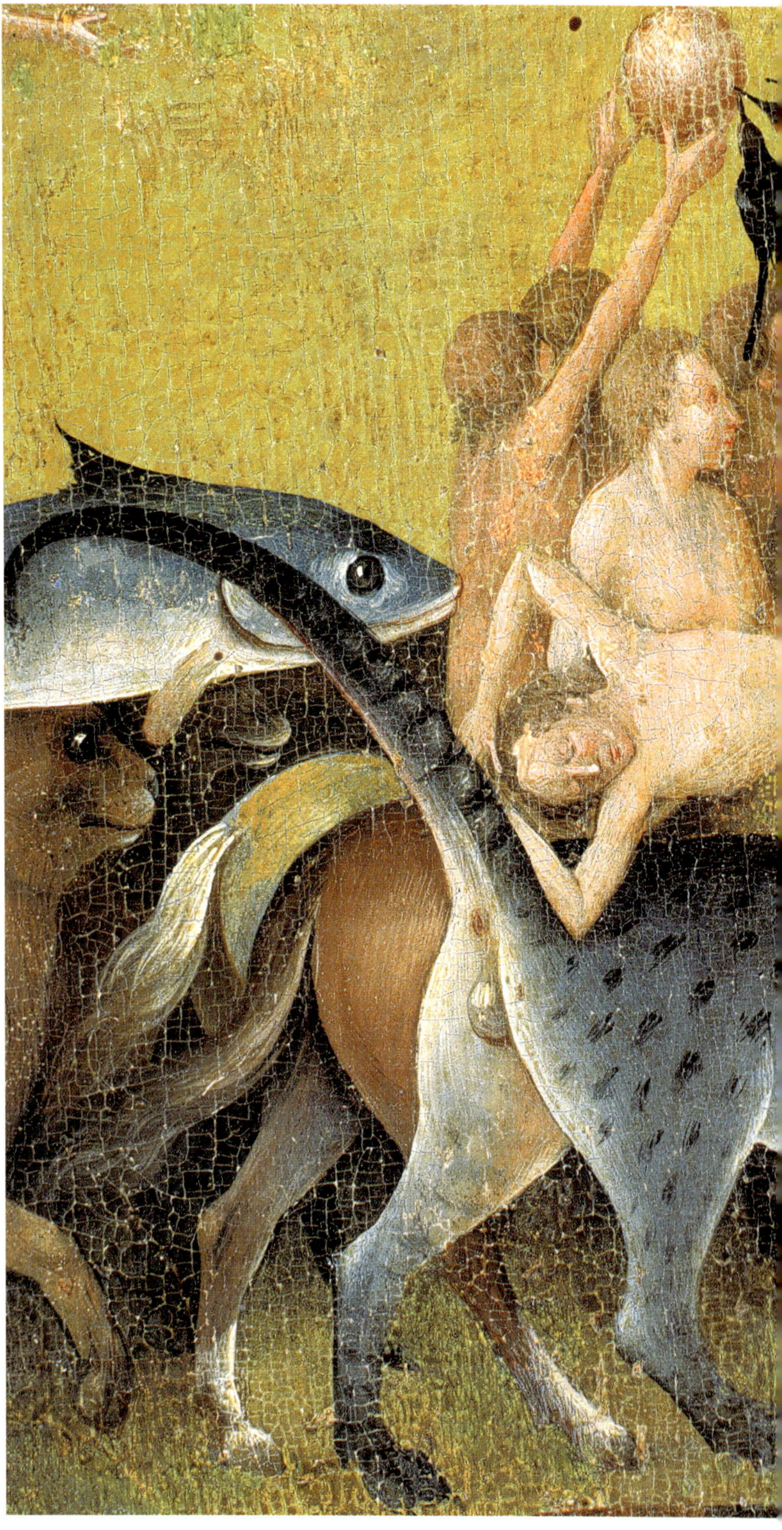

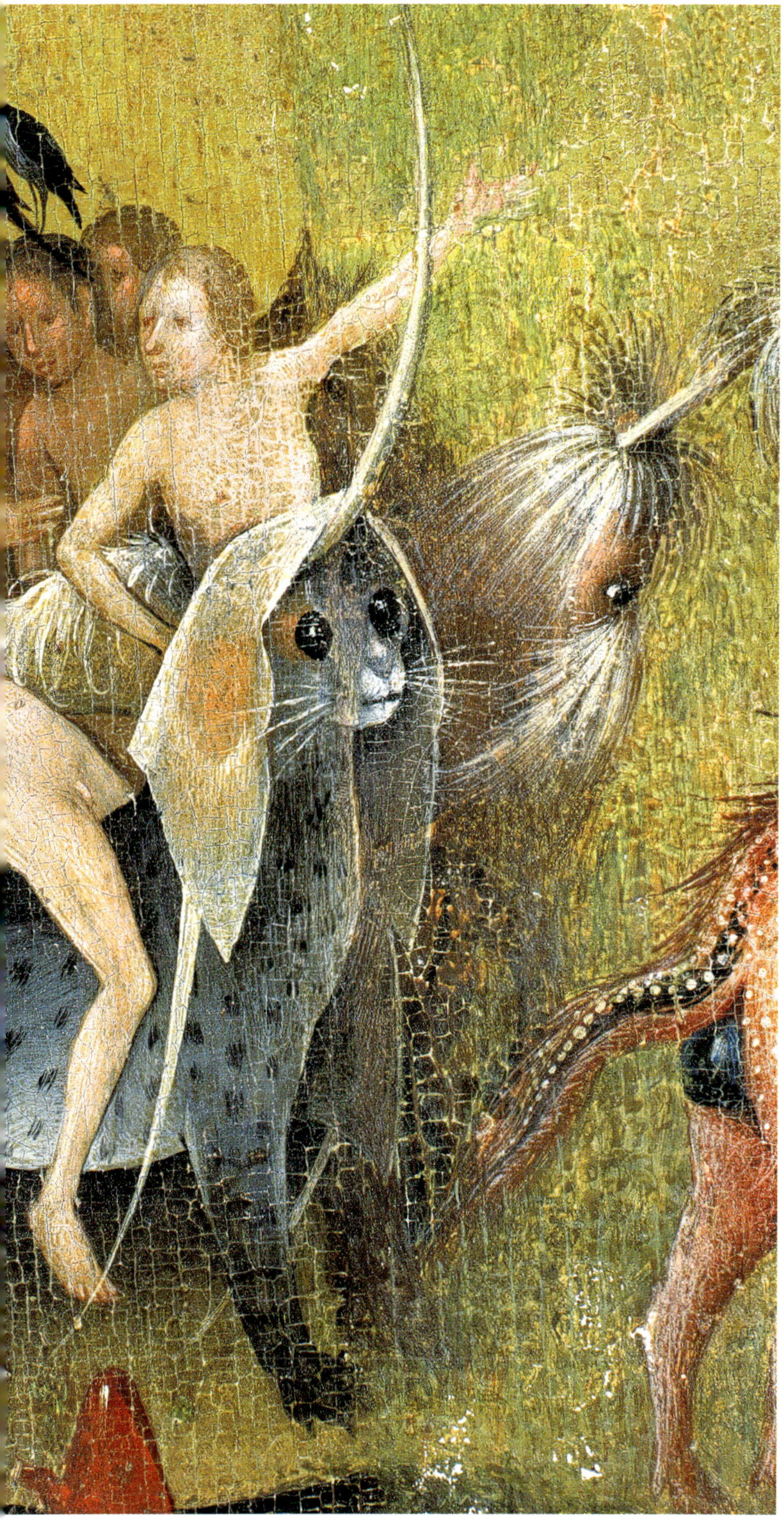

SYMBOLES

On qualifie l'œuvre de Jérôme Bosch de cryptique, d'ésotérique, d'obscure, d'équivoque, d'incompréhensible.

Avant d'être des œuvres d'art et des objets de musée, ses tableaux étaient conçus comme un moyen pour véhiculer un contenu, autrement dit un message. Afin de saisir ce message, il faut connaître la signification des symboles que le peintre utilisait. La littérature* de l'époque (et plus ancienne) fournit les locutions et les allégories significatives qui servent de clés pour décoder le sens des scènes boschiennes.

Dans un ouvrage publié à Delft en 1483, nous lisons que le verre fait allusion à la chair humaine : fabriqué avec des cendres et destiné à retomber en cendres, le verre rappelle la mort. L'allégorie laborieuse, pour ne pas dire tirée par les cheveux, fournit quand même une explication à la scène célèbre où l'on voit un couple nu dans un globe en verre, représentée sur le panneau central du prétendu *Jardin des délices* (Madrid).

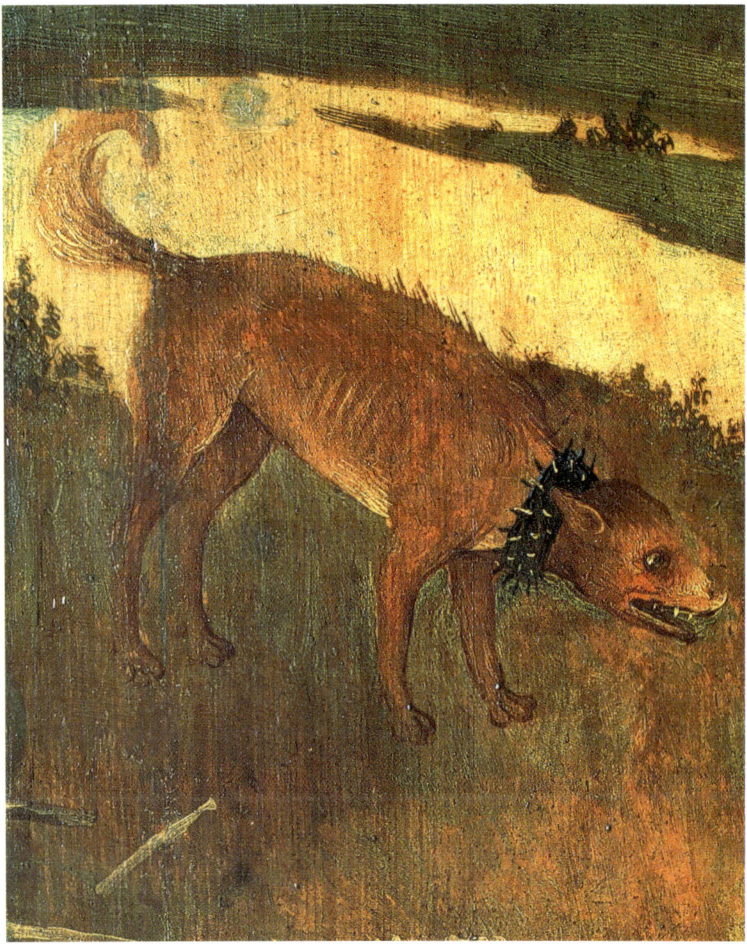

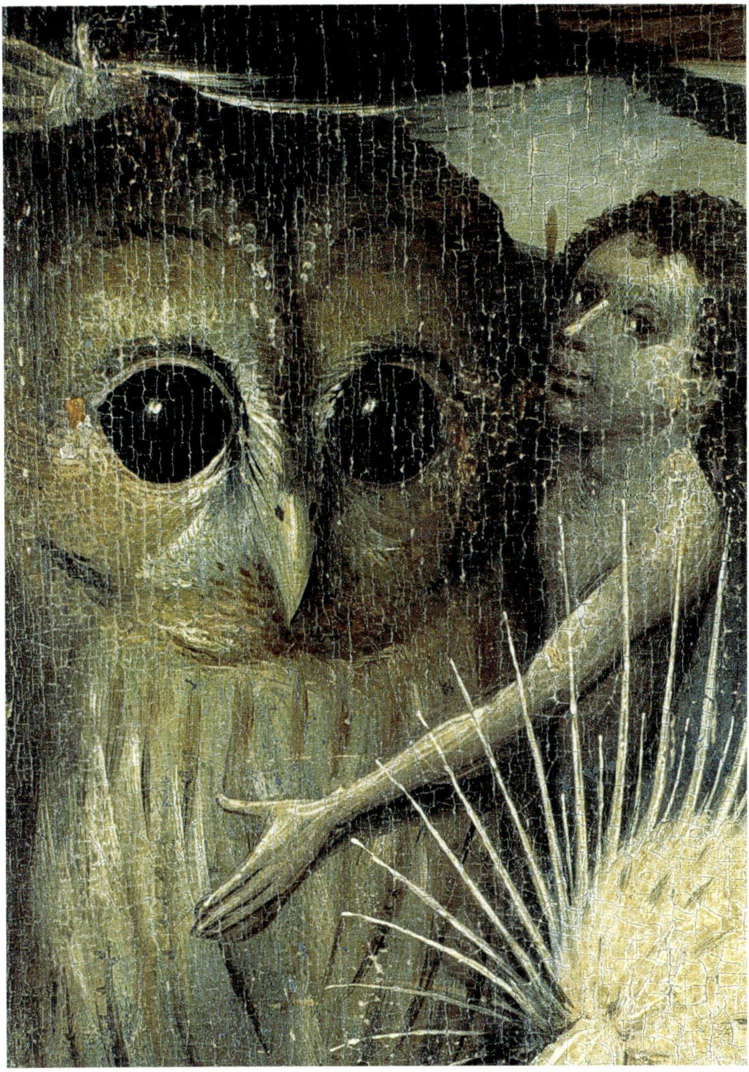

Le Chariot de foin (détail du triptyque fermé). Huile sur bois. Madrid, Museo Nacional del Prado.

Le Jardin des délices (détail du panneau central). Huile sur bois. Madrid, Museo Nacional del Prado.

Les symboles boschiens sont empruntés :

- au monde des objets usuels : miroir, outils
- à l'univers des créatures mythiques : licorne, sirène, bestiaire médiéval
- au monde animal : félins sauvages, renard*, chien, oiseaux, huppe*, rapaces, hibou, chouette, corbeau, corneilles, crapaud
- au monde végétal : fleurs, chardon*, fraise*
- aux us et coutumes

De nombreuses recherches historiques, par exemple avec la collaboration de spécialistes en botanique et ornithologie, sont encore nécessaires pour parvenir à une interprétation correcte du symbolisme boschien.

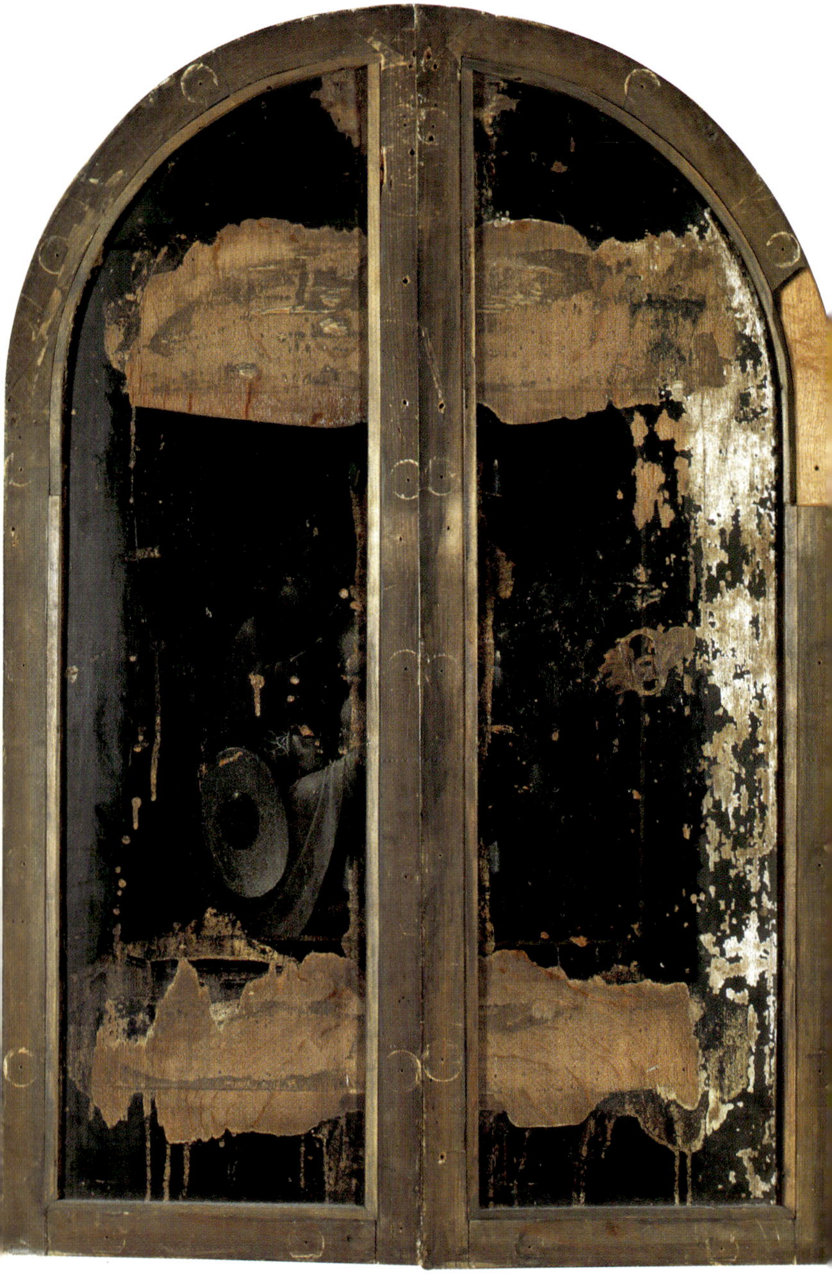

Attribué à Jérôme Bosch (ou atelier), *Le Jugement dernier* (triptyque fermé). Bruges, Groeningemuseum. Les peintures sur les revers des volets sont en très mauvais état. Cette situation s'explique par l'écaillage de la matière picturale, la négligence des propriétaires et les interventions catastrophiques de restaurateurs insuffisamment qualifiés.

De Jérôme Bosch on ne connaît aucune œuvre sur toile – hormis des copies*. Le support est toujours du bois; ce qui n'était certainement pas une préférence de l'artiste. Le choix était pour ainsi dire imposé, étant donné que les œuvres étaient des triptyques, ce qui nous ramène une fois de plus à la question de la fonction* des œuvres.

À l'époque, un artiste* travaillait avec et dans une discipline. Pour préparer un panneau, ébaucher une composition, entamer des carnations, peindre et achever un tableau, il y avait des règles générales dictées par le « métier ».

La structure matérielle des œuvres de Bosch n'a rien d'exceptionnel : couche de préparation aqueuse, ébauche linéaire monochrome au pinceau, éventuellement avec hachures, couche picturale à l'huile siccative étalée d'une façon relativement mince, bref une stratification parfaitement comparable à celle de la production picturale contemporaine dans toutes les régions des anciens Pays-Bas*. L'élaboration d'un programme cohérent d'examen* scientifique est cependant absolument nécessaire pour connaître de manière approfondie les méthodes mises en œuvre par le peintre.

La technique picturale de Bosch a un aspect unique, notamment par son exécution extrêmement rapide. Les grisailles sur les volets fermés de *La Tentation de saint Antoine* (Lisbonne) occupent une place de choix parmi les tableaux « modernes » les plus anciens : avec les œuvres de Pieter Bruegel* l'Ancien, les esquisses peintes de Pierre Paul Rubens et les toiles de Frans Hals, ces grisailles annoncent la peinture du XIXe siècle.

La Tentation de saint Antoine (triptyque fermé). Huile sur bois. Lisbonne, Museu de Arte Antiga.

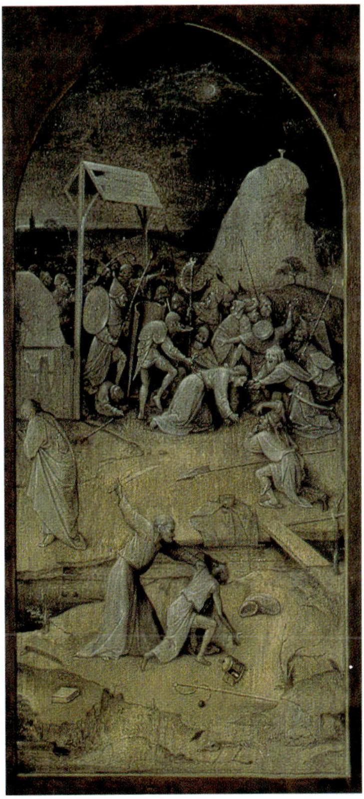

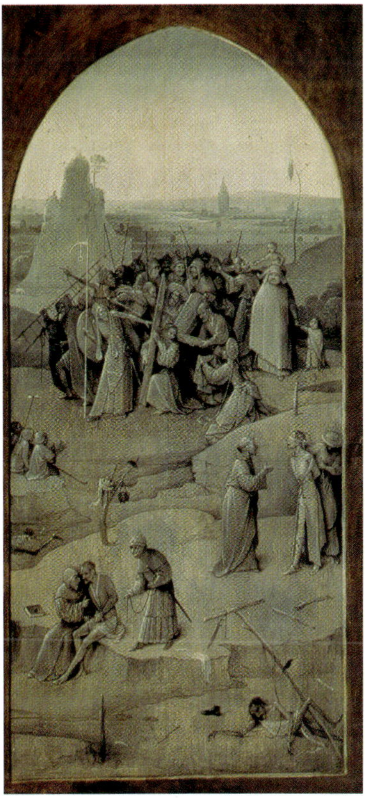

TRIPTYQUE

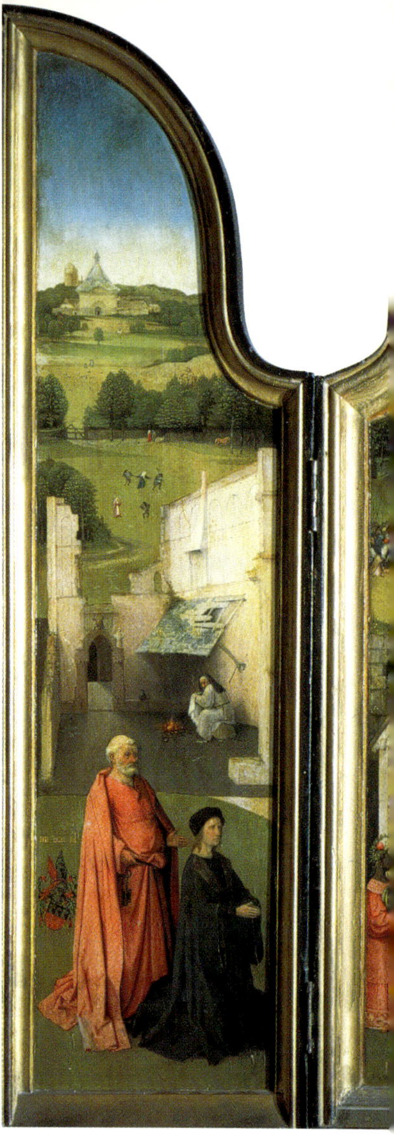

Un triptyque est, par définition, composé de trois parties. Au xve siècle, c'était un panneau central muni de deux volets. À l'origine, ces volets avaient une fonction protectrice, mais leur incorporation dans le programme iconographique et la conception artistique de l'œuvre était pour ainsi dire inévitable. Un grand nombre de panneaux de la production picturale des anciens Pays-Bas* que l'on admire dans les musées sont en réalité des fragments de triptyques (ou polyptyques) démantelés. Parfois, les différentes parties d'une œuvre se trouvent éparpillées. Pourtant, l'entité initiale de l'œuvre est de la plus haute importance pour une compréhension correcte de la création de l'artiste. Tronquée, l'œuvre devient facilement énigmatique, voire incompréhensible, ce qui donne lieu à des interprétations fantaisistes.

En étudiant les triptyques non démantelés, on constate que les cinq scènes – les deux des volets fermés et les trois du triptyque ouvert – montrent une cohérence iconographique. Souvent, le triptyque fermé fonctionne comme une introduction, voire un prélude. Le prétendu *Jardin des délices* (Madrid) de Jérôme Bosch en offre un parfait exemple. Pour payer une fondation perpétuelle, une sépulture ou une épitaphe, il fallait être riche, voire richissime. Un triptyque de « painture plate », seuls le prince et le bourgeois aisé pouvaient se l'offrir. Quant au peuple, il n'avait que les indulgences et le profit de ses prières pour assurer le salut de son âme éternelle. Un triptyque commandé par une communauté n'était pas aussi personnalisé. Il concrétisait néanmoins un acte de foi ou une vénération collective. L'hypothèse que le triptyque de *La Tentation de saint Antoine* (Lisbonne) ait été commandé par une communauté religieuse est plausible.

On s'étonne qu'une étude exhaustive sur les programmes iconographiques des retables – un aspect fondamental de la peinture des xve et xvie siècles – reste à faire.

Les examens scientifiques entrepris il y a peu sur l'œuvre de Bosch, en l'occurrence l'étude des supports et plus spécialement la dendrochronologie, ont confirmé ou révélé que certains tableaux attribués au peintre proviennent d'un ensemble

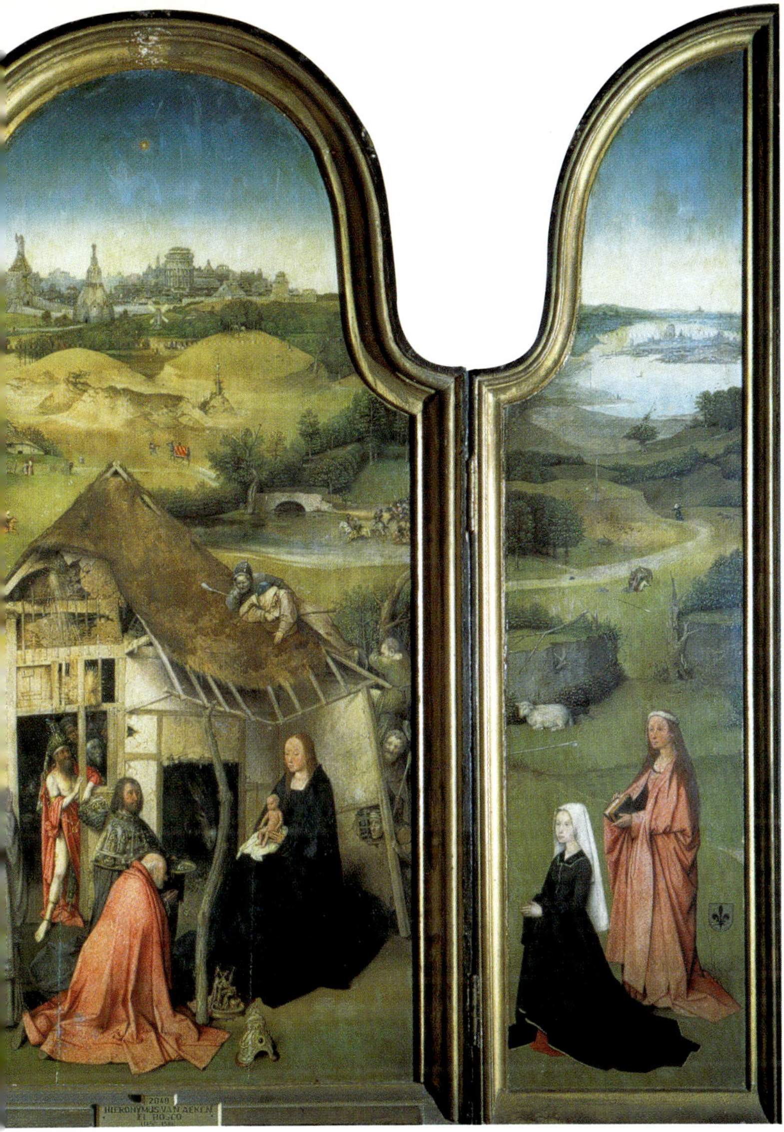

démantelé. Dans d'autres cas, on présume qu'il s'agit de copies* d'après des fragments de retables.

Il a été récemment soutenu que Bosch aurait pu créer le prétendu *Jardin des délices* de son gré, donc sans en avoir reçu commande, et qu'il aurait choisi le genre du triptyque dans un but de sacralisation. L'œuvre étant complexe à souhait, les interprétations*, aussi insensées soient-elles, ont toujours quelque plausibilité à offrir. À l'époque de Bosch, un triptyque était normalement un tableau d'autel, donc destiné au culte de la religion* catholique. Il est évident que l'emplacement du retable était déterminé par ceux qui l'avaient commandé et payé. Ce qui veut dire, qu'à l'origine, le retable n'était pas nécessairement accessible au public. Rappelons enfin que les triptyques à dimensions réduites avaient une fonction* différente.

L'Adoration des mages (triptyque ouvert). Huile sur bois. Madrid, Museo Nacional del Prado.

CHRONOLOGIE

Vers 1450
Naissance de Hieronymus van Aken, dit Jérôme Bosch.

1452
Naissance de Léonard de Vinci.

1454
Mort de Jan van Aken, peintre, grand-père de Jérôme Bosch.

1456
Impression typographique de la Bible à 42 lignes à Mayence (Allemagne).

1464
Mort de Rogier van der Weyden.

1466
Mort de Donatello.

1468
Mort de Gutenberg.

1469
Naissance d'Érasme.

1471
Naissance d'Albrecht Dürer.

1472
Première impression de *La Divine Comédie* de Dante. Naissance de Lucas Cranach l'Aîné.

1473
Naissance de Nicolas Copernic.

1474
Première mention de Bosch dans un document d'archives, sous le nom de « Jheronimus ».

1475
Mort de Dirk Bouts. Naissance de Michel-Ange.

1477
Première impression de la Bible en moyen-néerlandais. Mort de Charles le Téméraire, duc de Bourgogne. Maximilien Ier épouse Marie de Bourgogne : les Pays-Bas passent à la dynastie Habsbourg.

1478
Naissance de Thomas More.

1480
Mort d'Anthonius, peintre, père de Jérôme Bosch. Naissance d'Antonio de Guevara. Mort de Jean Fouquet. Erasmus Grasser réalise des statues de danseurs mauresques pour l'hôtel de ville de Munich.

1482
Mort d'Hugo van der Goes.

1483
Naissance de Martin Luther. Mort de Louis XI. Naissance de Raphaël.

1484
Bulle papale d'Innocent VIII contre les hérétiques. Installation de la première imprimerie à Bois-le-Duc. Sandro Botticelli peint *La Naissance de Vénus.*

1487
Parution du *Malleus maleficarum (Marteau des sorcières).*

1491
Mort de Martin Schongauer.

1492
Christophe Colomb arrive en Amérique. Mort de Piero della Francesca.

1494
Parution de *Das Narrenschyff (La Nef des fous),* livre satirique de Sebastian Brant. Mort d'Hans Memling. Naissance de François Rabelais.

1496
Philippe Ier le Beau épouse Jeanne la Folle. L'Espagne passe à la dynastie des Habsbourg.

1497
Mort de Goossen, peintre, frère de Jérôme Bosch. À Florence, Jérôme Savonarole fait allumer le « bûcher de la vanité ».

1498
Savonarole est exécuté le 23 mai.

CHRONOLOGIE

1500
Naissance de Charles Quint à Gand. Michel-Ange sculpte une *Pietà*.

1503
Naissance de Nostradamus.

1504
Philippe Ier le Beau commande à Bosch un triptyque ayant comme sujet le Jugement dernier.

1506
Mort d'Andrea Mantegna. Mort de Christophe Colomb.

1508
Michel-Ange commence la fresque de la voûte de la chapelle Sixtine. Marguerite d'Autriche devient gouvernante des Pays-Bas (elle le reste jusqu'en 1530).

1509
Naissance de Calvin.

1510
Mort de Botticelli.

1511
Dürer exécute deux suites de xylographies, *La Grande Passion* et *La Petite Passion*. Érasme écrit l'*Éloge de la folie*.

1512
Michel-Ange termine la fresque de la voûte de la chapelle Sixtine.

1515
Mathias Grünewald termine le *Retable d'Issenheim*.

1516
Les obsèques de Jérôme Bosch se tiennent le 9 août. Thomas More publie *Utopia* (en latin). Michel-Ange sculpte Moïse.

1517
Luther publie ses « 95 thèses » : c'est le début de la Réforme.

1519
Mort de Léonard de Vinci.

1520
Mort de Raphaël.

1521
Charles Quint publie le premier *Placard* contre le mouvement hérétique. Luther est excommunié.

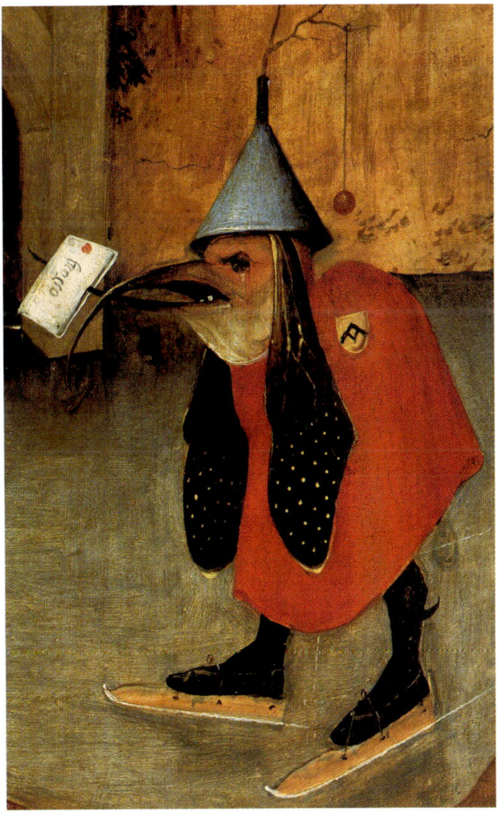

BIOGRAPHIE

Le nom van Aken – Aken étant la dénomination néerlandaise d'Aix-la-Chapelle – apparaît dans les archives de 's Hertogenbosch (Bois-le-Duc) à partir de la seconde moitié du XIVe siècle.
Hieronymus ou Jeroen (Jérôme) appartenait à une famille de peintres. Jusqu'à présent, la date de sa naissance n'est pas établie ; on suppose qu'elle se situe aux environs de 1450. On dispose sur lui d'une trentaine de documents d'archives, dont une dizaine traitent de transactions financières qui ne semblent avoir aucun rapport avec ses activités de peintre. En 1481, il comparut en sa qualité d'époux d'Aleit Vanden Meervenne. Il s'avère que sa femme était riche et plus âgée que lui. L'analyse des documents a révélé qu'en 1502-1503 et 1511-1512, ses impôts étaient ceux de la classe supérieure de la bourgeoisie.
Pendant l'exercice 1486-1487, Bosch fut inscrit comme membre de la confrérie de Notre-Dame. Pour cette confrérie, il exécuta jusqu'en 1512-1513 quelques travaux peu importants dont il ne reste aucune trace, sauf les mentions dans les documents. Selon ces pièces d'archives, le peintre avait des apprentis.
En 1504, Bosch toucha trente-six livres d'arrhes à valoir sur la livraison d'un *Jugement dernier,* de toute évidence un triptyque, qui lui avait été commandé par Philippe Ier le Beau. Peut-être s'agit-il du triptyque conservé à Vienne.
Les obsèques de Jérôme Bosch ont eu lieu le 9 août 1516, organisées par la confrérie de Notre-Dame, en l'église Saint-Jean à Bois-le-Duc. Les documents d'archives, étalés sur une période de quarante-deux ans, ne suggèrent guère autre chose qu'une vie très rangée.
Signalons que le 13 juin 1463, suite à la négligence d'un teinturier, un terrible incendie ravagea la ville de Bois-le-Duc. Le feu détruisit la maison communale, les archives et quatre mille maisons, dont la majeure partie étaient couvertes de chaume. La lueur des incendies qu'on voit sur les tableaux de Bosch serait-elle un souvenir de son adolescence ?

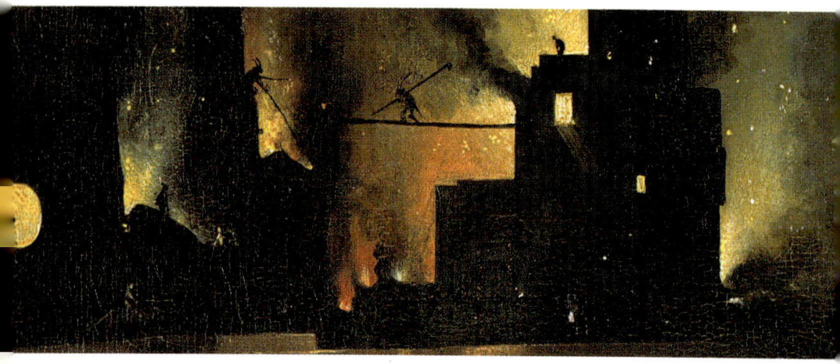

Plusieurs tableaux de Jérôme Bosch portent une signature, mais aucun n'est daté. La chronologie de ses œuvres varie selon les historiens de l'art et la rigueur avec laquelle ils se sont servis des arguments stylistiques. La question doit être reconsidérée à la lumière d'un examen scientifique et, plus particulièrement, des données d'une étude dendrochronologique.

BIBLIOGRAPHIE

Monographies

BRION, Marcel, *Hieronymus Bosch,* Paris, 1938.

BRUYN, Eric de, *De vergeten beeldentaal van Jheronimus Bosch,* Bois-le-Duc, 2001.

CINOTTI, Mia, *Tout l'œuvre peint de Jérôme Bosch,* Paris, 1967.

COMBE, Jacques, *Jérôme Bosch,* Paris, 1957.

GENAILLE, Robert, *Jérôme Bosch,* Paris, 1965.

LAFOND, P., *Hieronymus Bosch, son art, son influence, ses disciples,* Bruxelles/Paris, 1914.

MARIJNISSEN, Roger-Henri et RUYFFELAERE, Peter, *Jérôme Bosch. Tout l'œuvre peint et dessiné,* Anvers 1987 ; Paris, 1995.

MARIJNISSEN, Roger-Henri *e.a., Jheronymus Bosch,* Bruxelles, 1972.

TOLNAY, Charles de, *Hieronymus Bosch,* Bâle, 1937 ; éd. en français, Paris, 1967.

Sur les répliques et copies

UNVERFEHRT, Gert, *Hieronymus Bosch. Studien zur Rezeption seiner Kunst im frühen 16. Jahrhundert,* Berlin, 1980.

Interprétations spécifiques

BAX, Dirk, *Ontcijfering van Jeroen Bosch,* La Haye, 1949 ; éd. en anglais, Rotterdam, 1979.

CHAILLEY, Jacques, *Jérôme Bosch et ses symboles,* Bruxelles, 1978.

CHASSEGUET-SMIRGEL, J., *Pour une psychanalyse de l'art et de la créativité,* Paris, 1971.

CHAUVIERE, A., *Introduction à une étude psychopathologique du fantastique dans l'œuvre de Hieronymus Bosch,* Paris, 1965.

FRAENGER, Wilhelm, *Le Royaume millénaire de Jérôme Bosch,* Paris, 1966.

GAUFFRETEAU-SÉVY, M., *Jérôme Bosch, Paris,* 1965.

VANDERBROECK, Paul, *Jheronymus Bosch. Tussen volksleven en stadscultuur,* Berchem, 1987.

VAN LENNEP, Jacques, *Alchimie. Contribution à l'histoire de l'art alchimique,* Bruxelles, 1985.

Livres anciens (rééditions)

BRANT, Sebastian, *La Nef des fous,* Strasbourg, 1979.

DANET, A., KRÄMER, Heinrich et SPRENGER, Jacques (présentation et traduction par), *Marteau des sorcières,* Paris, 1973.

ÉRASME, *Éloge de la folie,* Paris, 1964.

Sur Pieter Bruegel l'Ancien

ABCdaire des Bruegel, Paris, 1998.

LEBEER, Louis, *Catalogue raisonné des estampes de Bruegel l'Ancien,* Bruxelles, 1969.

MARIJNISSEN, Roger-Henri, Ruyffelaere, Peter, van Calster, P. et Meij, A.W.F.M., *Pieter Bruegel. Tout l'œuvre peint et dessiné,* Anvers/Paris, 1988.

MIELKE, Hans, *Pieter Bruegel. Die Zeihnungen,* Turnhout, 1996.

SELLINK, Manfred, *Pieter Bruegel de Oude, Meestertekenaar,* Rotterdam/New York, 2001.

INDEX

INDEX

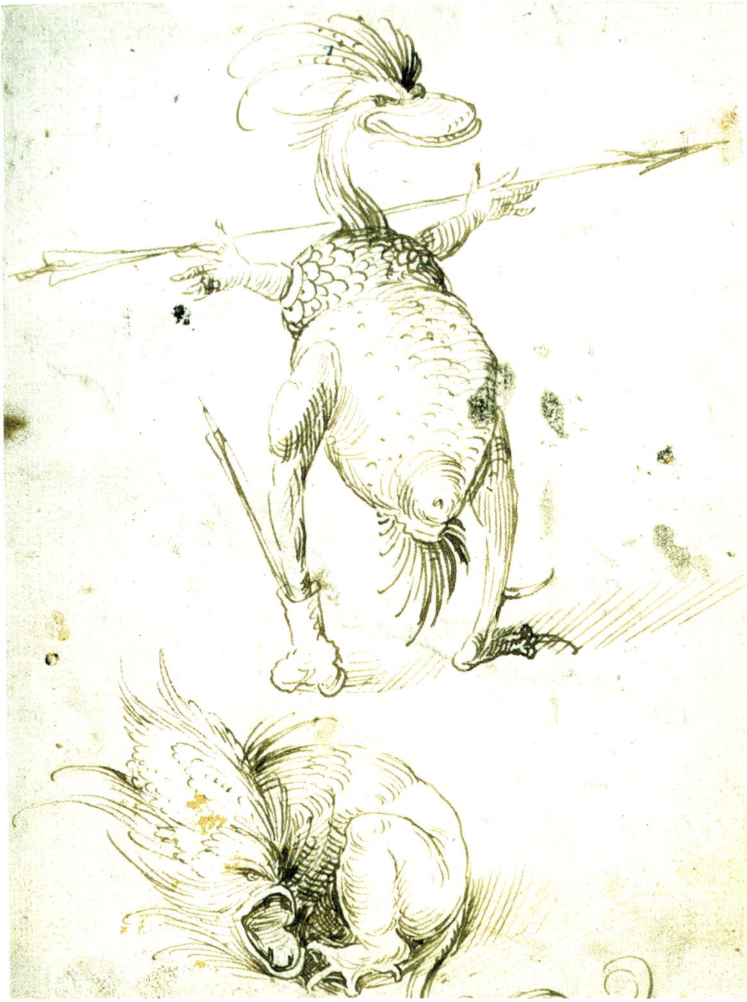

Note : Les œuvres de Jérôme Bosch ne sont volontairement pas datées, cette datation posant encore aujourd'hui de nombreuses questions.

Crédits photographiques : The Ashmolean Museum, Oxford 82-83 ; Biblioteca Medicea-Laurenziana, Florence 60 ; Bibliothèque municipale, Trèves/Dagmar Knürr 73 ; Bibliothèque royale de Belgique, Cabinet des Estampes, Bruxelles 75 ; Gemäldegalerie der Bildenden Künste, Vienne 22-23, 37, 42-43, 64, 77, 80-81 ; Hugo Maertens, Bruges 4-5, 20, 26b, 27, 31, 46-47, 58, 61, 62, 63, 66-67, 84, 85, 87, 97, 104, 106-107, 109, 116 ; Musée des Beaux-Arts, Gand 34 ; Musée municipale, Saint-Germain-en-Laye : 91 ; Musées royaux des beaux-Arts, Bruxelles/Speltdoorn 40 ; Museo Nacional del Prado, Madrid 9, 10-11, 12h, 12-13, 18-19, 39, 41, 52-53, 54, 59, 108, 112-113 ; Museu Nacional de Arte Antigà, Lisbonne 6, 14-15, 29, 70, 78, 79, 89, 93, 94, 98-99, 100, 102-103, 105, 111, 115 ; Museum Catharijneconvent, Utrecht/Ruben de Heer 69 ; Museum Boijmans Van Beuningen, Rotterdam 33 /Tom Haartsen 25, 50 ; Palazzo Ducale, Venise 7, 28, 48-49, 65, 80h ; Patrimonio Nacional, Madrid : 17 ; Réunion des musées nationaux/ R.G. Ojeda 45, 57 ; Städelsches Kunstinstitut und Städtische Galerie, Francfort/Ursula Edelmann 21 ; Staatliche Museen,Gemäldegalerie, Berlin/Jörg P. Anders 38, 63, 71 ; Jan Termont en Dirk van der Borght, Bruges 110.

Coordination éditoriale : Sandrine BAILLY et Nathalie BEC
Lecture et corrections : Julie HOUIS
Mise en pages : Julie HOUIS
Fabrication : Mélanie LAHAYE
Photogravure, Flashage : Pollina s.a., Luçon
Couverture imprimée par Pollina s.a., Luçon
Achevé d'imprimer et broché en août 2001 par Pollina s.a., Luçon

ISBN (Flammarion) : 2-08-0106538
ISSN : 1275-1502
N° d'édition : FA065301
N° d'impression : L84193
Dépot légal : août 2001

Imprimé en France

Pages 4-5 : *Le Jardin des délices* (détail du volet gauche).
Huile sur bois. Madrid, Museo Nacional del Prado.

Page 116 : *Le Jardin des délices* (détail du volet droit).
Huile sur bois. Madrid, Museo Nacional del Prado.